陕西社科精品文库

全域旅游背景下
陕西沿黄遗产廊道构建研究

QUANYU LVYOU BEIJING XIA
SHAANXI YANHUANG YICHAN LANGDAO
GOUJIAN YANJIU

史承勇 著

西北大学出版社

·西安·

图书在版编目（CIP）数据

全域旅游背景下陕西沿黄遗产廊道构建研究 / 史承勇著 . —西安：西北大学出版社，2021.12
ISBN 978-7-5604-4883-1

Ⅰ.①全… Ⅱ.①史… Ⅲ.①廊道—文化遗产—保护—研究—陕西 Ⅳ.① K928.78

中国版本图书馆 CIP 数据核字（2021）第 259907 号

全域旅游背景下陕西沿黄遗产廊道构建研究

作　　者	史承勇
出版发行	西北大学出版社
地　　址	西安市太白北路 229 号
邮　　编	710069
电　　话	029-88303404
经　　销	全国新华书店
印　　装	陕西隆昌印刷有限公司
开　　本	710mm×1000mm　1/16
印　　张	12
字　　数	189 千字
版　　次	2022 年 10 月第 1 版　2022 年 10 月第 1 次印刷
书　　号	ISBN 978-7-5604-4883-1
定　　价	48.00 元

本版图书如有印装质量问题，请拨打电话 029-88302966 予以调换。

本书由陕西省社科著作出版资助项目：全域旅游背景下陕西沿黄遗产廊道构建研究（2021SKZZ010）、国家社科艺术学一般项目：基于文旅融合的黄河流域遗产廊道构建（21BH156）、陕西省哲学社会科学重大理论与现实问题研究项目：陕西沿黄地区遗产保护与活化利用模式研究（21HZ1066）、陕西省社科基金年度项目：陕西沿黄遗产廊道构建（2018H08）等共同资助。

序

　　黄河是中华文明的摇篮，黄河沿岸文化遗产星罗棋布，旅游资源俯拾皆是。但在城镇化浪潮的冲击下，黄河中上游地区经济发展乏力、人口流失严重，很多珍贵的文化遗产式微残喘，甚至面临着消亡的风险。2019年，黄河流域生态保护和高质量发展上升为国家战略，这对维护我国社会稳定、促进区域协调发展、提高黄河沿岸人民生活质量、提升民族文化自信都具有重要意义。因此，史承勇同志的《全域旅游背景下陕西沿黄遗产廊道构建研究》一书应运而生。这是一本融贯文化遗产保护、旅游规划管理、风景园林设计等多学科相关理论为一体的学术专著。

　　在全域旅游视角下，作者以陕西沿黄地区的遗产资源为研究对象，全面分析了沿黄遗产资源的类型及数量构成，对遗产资源进行了价值评价及等级划分，归纳了陕西沿黄地区的遗产资源空间分布特征，并运用遗产廊道规划的相关理论与方法，构建了一个相对独立、系统、完整的陕西沿黄遗产廊道，规划了多条具有文化、教育、游憩、经济和社会价值的遗产旅游线路，这对保护陕西沿黄遗产资源、传承弘扬黄河文化、带动区域社会经济发展都具有很强的现实指导意义。

　　本书的主要特色在于：一是从理论层面将全域旅游发展与遗产廊道构建进行了有机结合，形成了较为全面、系统的遗产资源保护与利用的新思路及新模式。二是建立了以"遗产资源梳理→遗产资源评价→廊道空间整合→主题游线规划→旅游品牌构建"为主线的遗产廊道构建体系，为不同时空、文化、社会背景下的线性文化遗产资源保护与利用提供了可借鉴、可操作的新方法。三是将遗产廊道与遗产品牌建设相结合，建立了以主题游线为核心的遗产品牌体系及推广策略。本书还有很多创新的思考和亮点不再一一列举。

　　史承勇同志是我的博士生，在他取得博士学位后，一直从事沿黄遗产保护与利用的研究工作，潜心笃志，积累了丰富的研究经验，不断在本学科的基础上拓展,并在相关研究前沿上积极地进行探索。没有以往的研究和实践就没有今日的成果,本书正是他对多年来实践工作与研究成果的凝炼和升华,在本书交付出版之际我向他表示祝贺,也希望他在学术领域继续不懈地前行并取得更加丰硕的成果。

西安建筑科技大学建筑学院教授

陕西省旅游资源开发管理评价委员会副主任

张沛

目 录

序 /1
摘要 /1
第一章 绪论 /4
  一、研究背景 /4
    （一）保护黄河建设黄河已是国家战略 /4
    （二）全域旅游成为推动区域发展的动力 /4
    （三）建设黄河文化旅游带为陕西沿黄遗产廊道构建提供了契机 /7
  二、目的意义 /8
  三、研究内容 /8
    （一）基础理论综述 /8
    （二）遗产资源梳理 /9
    （三）遗产价值评价 /9
    （四）廊道空间格局 /10
    （五）主题游线规划 /10
    （六）旅游品牌构建 /10
    （七）遗产廊道保护 /10
  四、研究方法 /10
    （一）文献分析与野外调研相结合 /11
    （二）德尔菲法与层次分析法结合 /11
  五、技术路线 /12
第二章 相关概念及研究进展 /13
  一、相关概念 /13
    （一）全域旅游概念 /13
    （二）遗产廊道概念 /13

（三）陕西沿黄概念 /14
二、全域旅游发展现状 /14
　　（一）全域旅游示范区的设立 /14
　　（二）全域旅游学术方面的发展 /15
　　（三）乡村振兴与沿黄全域旅游相关研究 /16
　　（四）全域旅游研究展望 /17
三、遗产廊道研究进展 /18
　　（一）数据来源与研究方法 /18
　　（二）遗产廊道研究基础数据分析 /19
　　（三）基于关键词的研究内容图谱分析 /21
　　（四）国外遗产廊道研究进展 /29
四、结论与建议 /32

第三章　陕西沿黄遗产资源梳理 /35

一、研究范围 /35
二、区域特征 /35
　　（一）地形地貌 /35
　　（二）气候水文 /36
　　（三）植被资源 /37
　　（四）历史文化 /37
　　（五）民风民俗 /38
三、资源类型 /39
　　（一）中国历史文化名城 /40
　　（二）中国历史文化名镇 /40
　　（三）中国历史文化名村 /40
　　（四）传统村落 /40
　　（五）文物保护单位 /42
　　（六）高等级旅游景区 /50
四、资源整理 /52

第四章　陕西沿黄遗产资源价值评价与空间格局　/66
一、陕西沿黄遗产资源价值构成　/66
（一）历史价值　/66
（二）文化价值　/66
（三）科学价值　/66
（四）艺术价值　/67
（五）精神价值　/67
（六）时代价值　/67

二、陕西沿黄遗产资源价值评价　/68
（一）评价对象与方法　/68
（二）遗产资源价值评价体系的构建　/68
（三）遗产廊道资源价值评价指标筛选与确定　/70
（四）指标因子权重的确定　/74
（五）指标量化赋值及等级划分　/79
（六）遗产资源等级及特征　/81

三、陕西沿黄遗产资源空间分布模式　/95
（一）线性空间模式　/95
（二）组团空间模式　/98
（三）游离空间模式　/101
（四）卫星空间模式　/103
（五）子母空间模式　/104

四、陕西沿黄遗产资源空间格局　/106

第五章　陕西沿黄遗产资源旅游线路规划　/109
一、规划原则　/109
（一）整体规划原则　/109
（二）科学规划原则　/109
（三）多方参与原则　/109
（四）产业融合原则　/110
（五）突出特色原则　/110

（六）可持续发展原则　　　　　　　　　　　　　　　　/111
　二、规划思路　　　　　　　　　　　　　　　　　　　　　/111
　　（一）构建遗产品牌，活化遗产价值　　　　　　　　　　/111
　　（二）规划特色游线，构建网络系统　　　　　　　　　　/112
　　（三）推进文旅融合，提升区域经济　　　　　　　　　　/113
　　（四）建立管理机制，完善保障措施　　　　　　　　　　/115
　三、规划主题　　　　　　　　　　　　　　　　　　　　　/116
　　（一）红色革命教育游　　　　　　　　　　　　　　　　/116
　　（二）宗教文化感悟游　　　　　　　　　　　　　　　　/120
　　（三）特色村落度假游　　　　　　　　　　　　　　　　/123
　　（四）科普研学体验游　　　　　　　　　　　　　　　　/132
　　（五）农业观光休闲游　　　　　　　　　　　　　　　　/139
　　（六）黄河风情探险游　　　　　　　　　　　　　　　　/141

第六章　陕西沿黄遗产资源旅游品牌构建　　　　　　　　　/146
　一、品牌名称　　　　　　　　　　　　　　　　　　　　　/146
　二、品牌理念　　　　　　　　　　　　　　　　　　　　　/146
　三、品牌定位　　　　　　　　　　　　　　　　　　　　　/147
　四、品牌标识　　　　　　　　　　　　　　　　　　　　　/148
　　（一）品牌标识分析　　　　　　　　　　　　　　　　　/148
　　（二）陕西沿黄旅游品牌标识构建　　　　　　　　　　　/149
　五、品牌推广　　　　　　　　　　　　　　　　　　　　　/151
　　（一）推广路径　　　　　　　　　　　　　　　　　　　/151
　　（二）推广策略　　　　　　　　　　　　　　　　　　　/154

第七章　基于全域旅游的陕西沿黄遗产廊道保护策略　　　　/156
　一、保护原则　　　　　　　　　　　　　　　　　　　　　/156
　　（一）整体性原则　　　　　　　　　　　　　　　　　　/156
　　（二）原真性原则　　　　　　　　　　　　　　　　　　/156
　　（三）活态性原则　　　　　　　　　　　　　　　　　　/156

二、保护措施 /156
    （一）建立陕西沿黄遗产资源名录 /156
    （二）制定陕西沿黄遗产资源分类分级保护规范 /157
    （三）制定陕西沿黄遗产品牌推广策略 /158
    （四）制定典型遗产资源保护与利用规范 /158
三、监管机制 /159
    （一）建立遗产廊道可持续发展评价体系 /159
    （二）制定遗产廊道保护与利用相关法规 /160
    （三）落实责任主体 /161
附录1 陕西沿黄遗产资源价值评价指标筛选问卷调查表 /162
附录2 陕西沿黄遗产资源价值评价指标体系权重确定问卷调查表 /165
参考文献 /170
后记 /177

摘 要

黄河文化是中华民族的根和魂,要推进黄河文化遗产的系统保护,深挖黄河文化蕴含的时代价值,讲好黄河故事,延续历史文脉,坚定文化自信。但在城镇化建设进程中,黄河流域文化遗产呈现孤岛化、碎片化、消亡化态势,亟待整体保护和合理利用。"黄河流域生态保护和高质量发展"国家战略的提出与实施,以及《陕西沿黄生态城镇带规划(2015—2030)》和《陕西全域旅游发展规划(2018—2030)》的全面建设,为陕西沿黄遗产资源的系统性整合、保护性利用和创新性转化提供了重大历史机遇。

研究引入遗产廊道(Heritage Corridor)理念,从发展全域旅游的角度,以保护陕西沿黄遗产资源和推进陕西沿黄生态经济带建设为目标,主要从遗产资源梳理、遗产价值评价、廊道空间格局、主题游线规划和旅游品牌构建5个方面构建一个相对完整、系统和独立的陕西沿黄遗产廊道体系,形成一条具有自然、文化、经济和社会等多重意义的线型遗产廊道,并得出以下结论:

第一,研究针对陕西沿黄地区5市11县进行了遗产资源梳理,总结物质文化遗产资源类型可分为历史文化名城、历史文化名镇、历史文化名村、传统村落、文物保护单位和高等级旅游景区六大类,共计320处。不同类型数量关系为:文物保护单位(197处)>高等级旅游景区(71处)>传统村落(47处)>历史文化名城(3处)>历史文化名镇(1处)=历史文化名村(1处)。调研统计发现,陕西沿黄遗产资源中文物保护单位最多;197处文保单位中有29处重叠,说明对文物保护单位信息更新有待加强;另有17处遗产资源存在2种以上类型。研究利用地理信息技术获取该区域卫星图像和遗产资源区位图,绘制了陕西沿黄遗产资源可视化数据图。

第二,对320处遗产资源进行逐一核查,等级重叠的29处,双重和多重类型的同一资源点 8 处，矫正后得到陕西沿黄遗产资源数量 283 处。运用德尔菲法和层次分析法结合得出陕西沿黄遗产资源一级遗产资源点 30 处、二级遗产资源点 129 处、三级遗产资源点 124 处。在遗产资源评价过程中发现，导致遗产资源价值偏低的原因主要有两个：一是评价资源点对公众的科普程度较低及存在展示方式类型同质化，开发利用落后，品牌效应不强等不足；二是遗产点年度久远，破坏程度较大，使得遗迹、遗址保存完整度较低，即出现一些遗产"只闻其名，未见其迹"的局面。

第三，陕西沿黄遗产资源空间分布呈现线性空间模式、组团空间模式、游离空间模式、卫星空间模式和子母空间模式。其中，线性空间模式主要集中在 5 个区域，分别为延川县革命遗址带、佳县沿黄带、韩城市沿黄带、神木市窟野河带和无定河遗产带；组团空间模式主要集中在 3 个区域，分别为宜川县遗产资源组团、大荔县遗产资源组团和潼关县遗产资源组团；游离空间模式主要集中在 3 个区域，分别为清涧县、吴堡县和延长县内；卫星空间模式集中于绥德县内，以一级资源点贺一村为中心，沿多条交通走廊向外延伸，形成"绥德县卫星空间资源图谱"；子母空间分布模式主要集中在 6 个区域，分别为韩城市（东部和南部）、神木市（西部和中部）、佳县（东部）、延川县（西部）、大荔县（东部）和延长县（东部）。根据遗产资源点分布，将陕西沿黄遗产资源空间格局归纳为"一轴、五带、六区、多点"的空间结构，形成了一条南北长约 550 千米，东西跨度约 30～75 千米的遗产廊道。

第四，依据遗产资源规划原则、遗产资源评价等级和遗产资源空间模式提出全域旅游六大主题，分别是：红色革命教育游、宗教文化感悟游、特色村落度假游、科普研学体验游、农业观光休闲游和黄河风情探险游，为沿黄遗产资源保护和利用提供思路。

第五，构建了"陕西沿黄遗产资源旅游品牌"体系。依据文化品牌构建策划从品牌名称、品牌理念、品牌定位、品牌标识、品牌推广等方面，构建了陕西沿黄遗产旅游品牌体系，并建立了文化品牌构建框架图和品牌推广路径。

综上，基于全域旅游背景的陕西沿黄遗产廊道构建，对陕西沿黄地区遗产资源保护与利用提供了全新的思路。遗产廊道与全域旅游结合，一方面起到保护沿黄遗产、传承黄河文化、弘扬时代价值的作用，另一方面对提升旅游品质、推广遗产品牌、带动区域经济和社会发展具有重要意义。同时，研究成果将为政府决策部门在黄河生态保护和高质量发展战略实施过程中提供决策支撑。

第一章 绪 论

一、研究背景

(一) 保护黄河建设黄河已是国家战略

2019年9月18日习近平总书记提出,"黄河流域生态保护和高质量发展是重大国家战略",这预示着黄河流域的建设与发展即将迎来全盛时期。2020年1月,习近平总书记在中央财经委员会第六次会议上进一步强调"立足于全流域和生态系统的整体性","黄河流域必须下大气力进行大保护、大治理,走生态保护和高质量发展的路子"。同年8月,中共中央政治局审议《黄河流域生态保护和高质量发展规划纲要》时指出,要把黄河流域生态保护和高质量发展作为事关中华民族伟大复兴的千秋大计,贯彻新发展理念,遵循自然规律和客观规律,统筹推进山水林田湖草沙综合治理、系统治理、源头治理,改善黄河流域生态环境,优化水资源配置,促进全流域高质量发展,改善人民群众生活,保护、传承、弘扬黄河文化,让黄河成为造福人民的幸福河。

2021年4月,在陕西西安召开的黄河保护立法座谈会强调:要把习近平总书记指示要求和党中央决策部署充分体现到法律条文中,把实践证明行之有效的黄河保护治理的政策、机制、制度予以立法确认。同时,沿黄(指黄河沿岸)9省区共同签署了《黄河流域生态保护和渔业高质量发展宣言》,倡议依法治渔、依法兴渔,以最严格执法守牢渔业治理和安全生产底线,最终着眼于2035年基本建成幸福河。

(二) 全域旅游成为推动区域发展的动力

2015年国家旅游局(现为文化和旅游部)正式提出了全域旅游的发展

思路，以旅游业为优势产业，带动和促进经济社会资源全方位、系统化的优化提升，追求旅游对人们生活品质的提升。习总书记于2016年在宁夏考察时指出发展全域旅游是正确的道路，要坚持走下去。[1] 在2015年至2021年6月之间，国务院、国家旅游局（2018年3月以后成立文化和旅游部）、陕西省政府等相继出台了促进全域旅游健康发展的相关政策、措施，为全域旅游的发展提供了政策支持和方向引领（表1-1）。

表1-1 促进全域旅游发展的相关政策汇总表

	发布时间	发布单位	政策名称	政策解读
国家相关政策	2015年8月	国家旅游局	《关于开展国家全域旅游示范区创建工作的通知》	解读了全域旅游的发展概念，为各地全域旅游的发展明确了方向
	2016年4月	国家旅游局	《全域旅游示范区创建验收标准》	根据国家旅游局创建示范区文件和国家推动全域旅游发展建设的要求，明确了各省市全域旅游建设的验收标准
	2016年8月	国家旅游局	《关于深化导游体制改革加强导游队伍建设的意见》	顺应全域旅游发展需求，推动导游管理从行政化、非流动化、封闭式向法制化、市场化转变
	2016年9月	国家旅游局	《国家全域旅游示范区认定标准》	全方位提出全域旅游的建设目标和方向，推动综合的旅游管理体制、全面的旅游公共服务融合的旅游产业体系、开放的旅游营销体系的建设
	2016年12月	国务院	《"十三五"旅游业发展规划》	积极推动以抓点为特征的景点旅游发展模式向区域资源整合产业融合共建共享的全域旅游发展模式加速转变
	2017年3月	国务院	《2017年政府工作报告》	完善旅游设施和服务，大力发展乡村休闲和全域旅游
	2017年6月	国家旅游局	《全域旅游示范区创建工作导则》	推进全域统筹规划，合理布局，整体营销，实现全域宜居宜业宜游和全域接待海内外游客，成为目的地建设的典范
	2017年8月	国家旅游局	《2017全域旅游发展报告》	对全域旅游的发展和取得的成绩做出阶段性的汇总，对全域旅游发展成果给予积极的肯定和鼓励

续表

发布时间	发布单位	政策名称	政策解读
国家相关政策			
2018年4月	国务院办公厅	《国务院办公厅关于促进全域旅游发展的指导意见》	为各地促进全域旅游发展提出总体要求、实施路径和保障策略
2019年9月	文化和旅游部	《文化和旅游部关于公示首批国家全域旅游示范区名单的公告》	公布第一批国家全域旅游示范区名单
2020年12月	文化和旅游部	《文化和旅游部关于公布第二批国家全域旅游示范区名单的通知》	公布第二批国家全域旅游示范区名单
陕西省相关政策			
2017年3月	陕西省人民政府	《陕西省旅游业"十三五"发展规划》	强调了要抓住宝鸡、汉中、韩城和临潼、礼泉、华阴等3市10县（区）创建国家全域旅游示范区的机遇，一体化推进旅游产品开发、基础设施建设、宣传促销，发展全域旅游，建设"全景陕西"
2017年7月	陕西省人民政府办公厅	《陕西省全域旅游示范省创建实施方案》	其在旅游产品全域覆盖的重点任务中提出建设一批精品旅游景区，要加快建设沿黄公路景观带，为本研究提供了有力政策支持与发展机遇
2021年1月	陕西省人民政府办公厅	《陕西省人民政府办公厅关于命名全域旅游示范区的通报》	省政府决定命名西安市碑林区、西安市长安区、蓝田县、眉县、凤县、铜川市耀州区、大荔县、黄陵县、汉中市汉台区、洋县、勉县、留坝县、石泉县、宁陕县、商南县、柞水县、韩城市等17个县（市、区）为陕西省全域旅游示范区

2018年国务院办公厅发布的《关于促进全域旅游发展的指导意见》指出，近年来，我国旅游经济快速增长，产业格局日趋完善，市场规模品质同步提升，旅游业已成为国民经济的战略性支柱产业。但是，随着大众旅

游时代的到来，我国旅游有效供给不足、市场秩序不规范、体制机制不完善等问题日益凸显。发展全域旅游，将一定区域作为完整旅游目的地，以旅游业为优势产业，统一规划布局、优化公共服务、推进产业融合、加强综合管理、实施系统营销，有利于不断提升旅游业的现代化、集约化、品质化、国际化水平，能更好地满足旅游消费需求。同时提出了推进融合发展，创新产品供给；加强旅游服务，提升满意指数；加强基础配套，提升公共服务；加强环境保护，推进共建共享；实施系统营销，塑造品牌形象；加强规划工作，实施科学发展；创新体制机制，完善治理体系；强化政策支持，认真组织实施的发展指导意见。国家文化和旅游部于2019年与2020年分别发布了第一批、第二批国家全域旅游示范区名单，共计168个区县单位入选，为全域旅游的推进提供了有价值、可复制、可推广的经验做法。

（三）建设黄河文化旅游带为陕西沿黄遗产廊道构建提供了契机

2021年6月，文化和旅游部在黄河文化旅游带建设推进活动上发布了10条黄河主题国家级旅游线路和《黄河文化旅游带精品线路路书》。这10条黄河主题国家级旅游线路包括中华文明探源之旅、黄河寻根问祖之旅、黄河世界遗产之旅、黄河生态文化之旅、黄河安澜文化之旅、中国石窟文化之旅、黄河非遗之旅、红色基因传承之旅、黄河古都新城之旅、黄河乡村振兴之旅等主题线路。所有线路均立足全域统筹，以具有突出意义、重要影响、重大主题的黄河文化旅游资源为节点，串点成线，连线成廊，通过"文化场景化、场景主题化、主题线路化"的设计，全面展示真实、立体、发展的黄河流域，塑造"中国黄河"整体形象，打造独具魅力的中华文化旅游体验。同时，为对接市场需求，满足游客实际出游需要，在主题线路框架下，精心设计了"重温河西走廊，探索丝路美景""传承红色基因，发扬红色文化""寻味晋陕，遇见黄河""领略黄河文化，品悦时代变迁"等40条黄河文化旅游带精品线路，编撰了《黄河文化旅游带精品线路路书》，路书涵盖行程规划、路况介绍、沿途城市和景区、游玩锦囊等旅游信息，吸引旅游爱好者发现和探索黄河文化与自然之美，让更多的人走近黄河、了解黄河、爱上黄河。

黄河文化旅游带的建设和主题游线规划必将为陕西沿黄地区的全域旅

游发展带来突飞猛进的变化。路线当中的黄河生态文化之旅、黄河古都新城之旅、黄河乡村振兴之旅等均包含了陕西省沿黄地区的不同特色景观。2020年，陕西省政府已提出将全力推动新时代文化强省和全域旅游示范省的建设，为今后陕西省全域旅游和陕西沿黄遗产廊道的建设、发展提供了政策支持。

二、目的意义

陕西省全域旅游的全面推进和陕西沿黄生态经济带的全线建设，为陕西沿黄地区遗产资源的系统性整合、保护性利用和创新性转化提供了重大历史机遇。研究以构建全域旅游背景下陕西沿黄遗产廊道为目标，系统梳理陕西沿黄地区遗产资源数量及类型，客观评析遗产资源价值及特征，统筹发挥遗产资源优势，最终形成一条具有自然、文化、经济和游憩等多重价值的线型景观通道，实现保护陕西沿黄地区遗产资源，传承、弘扬黄河文化，增进文化自信的目的。全域旅游背景下的陕西沿黄遗产廊道构建将为陕西全域旅游、遗产保护、交通建设、社会经济、乡村振兴等方面的融合发展提供重要现实意义。

三、研究内容

研究大致可分为基础理论综述、遗产资源梳理、遗产价值评价、主题游线规划、旅游品牌构建和遗产廊道保护策略六部分内容。

（一）基础理论综述

研究主要对全域旅游、遗产廊道构建的相关理论进行综述。

国内学者对全域旅游概念尚未形成统一的认识[2]，但与国际上相关概念比较研究后发现，全域旅游概念内涵与旅游目的地（Tourism Destination）的概念大体一致，主要区别在于全域旅游概念在新时期深化改革的背景下，被政府部门、管理层、社会各界赋予了更多的历史使命、发展愿景和时尚理念，这也是当前国内部分学者诟病全域旅游并非学术概念的争议所在。[3]

对于遗产廊道的研究包括概念内涵、遗产资源梳理、价值认知评价、遗产资源整合和主题线路规划。国内学者将遗产资源分为自然遗产、文化遗产和非物质文化遗产，保护与发展模式多为创新性保护利用模式，在保护的同时对其进行合理的开发与利用。此模式取得了健全文化保护利用的法制建设和顶层设计、基本摸清全国文化遗产家底、促进文化遗产资源信息开放共享推动经济建设等成就。但仍存在文化资源开放度不高、文化遗产利用效率偏低、文化遗产保护利用的业态创新不足、相关法规还不完善等问题。

（二）遗产资源梳理

以陕西沿黄地区①为研究对象，划定5市11县为研究区域，即渭南市下辖的潼关县、大荔县、合阳县、韩城市（省辖县级市，渭南市代管），延安市下辖的宜川县、延长县、延川县，榆林市下辖的清涧县、吴堡县、绥德县、佳县、神木市（县级市，榆林市代管）、府谷县，通过实习调研、资料搜集、文献整理等方法对陕西沿黄地区的地形地貌、气候水文、植被资源、历史文化和民风民俗进行分析；然后根据我国现有的文化资源和自然资源类型，将陕西沿黄地区遗产资源分为历史文化名城、历史文化名镇、历史文化名村、传统村落、文物保护单位和国家级旅游区六类，统计陕西沿黄地区遗产资源数量，记录遗产资源地理位置和主要特征。

（三）遗产价值评价

研究对沿黄地区遗产资源点进行分类、统计、梳理后，将层次分析法和德尔菲法结合进行陕西沿黄遗产资源价值评价。首先对陕西沿黄地区遗产资源价值构成进行了分析，然后通过构造判断矩阵、层次单排序、判断矩阵一致性检验、合成系数确定权重最终确定指标因子权重和指标量化赋值等对遗产资源进行价值评价体系构建，根据价值评价结构对遗产资源进行等级划分，分析其存在的问题，为廊道空间整合和旅游线路规划提供科学依据。

---

① 本文中的陕西沿黄地区以《陕西省沿黄生态城镇带规划（2015—2030）》中的规划范围为准。规划中神木县为县级行政单位，2017年4月10日，经国务院批准，撤销神木县，设立县级神木市，由陕西省直辖，榆林市代管。

（四）廊道空间格局

根据遗产资源的价值构成、评价等级和空间分布等因数，分析陕西沿黄遗产资源空间分布模式和廊道空间格局。分析陕西沿黄地区遗产价值构成特征，结合其遗产资源评价等级，分析遗产资源空间分布模式和遗产廊道空间格局，使陕西沿黄遗产廊道形象化，为遗产廊道内部特色旅游线路规划理清思路，亦为下一步遗产廊道保护提供基础。

（五）主题游线规划

在全域旅游背景下规划陕西沿黄特色旅游线路。遵循"文化场景化、场景主题化、主题线路化"的思路，以打造陕西沿黄地区全域旅游为背景，根据其评价等级、遗产特征、空间格局等因素，分别从"构建遗产品牌、活化遗产价值，规划特色旅游、丰富旅游体验，推进文旅融合、提升区域经济，建立监管机制、完善保障措施"4个层面统筹区内遗产资源，凝练规划思路和主题，规划陕西沿黄特色旅游线路，并构建相应的旅游解说系统。

（六）旅游品牌构建

打造陕西沿黄遗产旅游品牌，推广陕西沿黄旅游资源。通过打造陕西沿黄旅游IP的方法，建立一套陕西沿黄旅游品牌系统，包括品牌名称、品牌理念、品牌定位、品牌标识等视觉识别系统，并建立与品牌适应的推广路径和策略。

（七）遗产廊道保护

构建全域旅游背景下陕西沿黄遗产廊道保护策略。明确遗产资源保护原则，制定相应保护措施，完善遗产廊道监管机制，使其遗产资源能够完整地、原真地、活态地传承延续和可持续地发展下去。

四、研究方法

由于遗产廊道涵盖内容复杂，因此在进行遗产廊道构建时需要运用多学科、多角度的研究方法。在遗产廊道构建研究中较为成熟的方法有历史学研究方法、发生学方法、层次分析法、德尔菲法和 3S 技术等。本次研究根据研究对象特征和区域范围，综合运用了文献分析法、野外调研法、德尔菲法和层次分析法。

（一）文献分析与野外调研相结合

文献分析法是各项研究中必不可少的研究方法，能帮助调查研究者形成关于研究对象的一般印象，有利于对研究对象作历史的动态把握，更好地总结先前经验。此次研究基于国家、省、市各级文物保护单位相关文件和已有的研究理论成果，运用 Citespace 软件，通过作者与机构共现分析、关键词共现与聚类分析等方法，对国内遗产廊道相关研究进行文献计量可视化分析，绘制科学知识图谱，结合国外遗产廊道发展动态，对遗产廊道研究动向与趋势进行科学预测。并结合实地调研，针对陕西沿黄遗传资源特色，选择对应统计、分析和评价的方法，为构建全域旅游背景下陕西沿黄遗产廊道奠定理论基础。

（二）德尔菲法与层次分析法结合

层次分析法（AHP）是指将与决策总是有关的元素分解成目标、准则、方案等层次，在此基础之上进行定性和定量分析的决策方法，是一种层次权重决策分析方法。此方法在遗产廊道研究方面主要应用于遗产资源评价与廊道范围界定。德尔菲法，也称专家调查法，其本质上是一种反馈匿名函询法，此方法在遗产廊道研究中多用在遗产廊道构建以及价值评价体系构建上。

本研究首先运用层次分析法建立"目标层→项目层→子项层→因子层"四级评价指标体系。项目层选择"遗产资源价值和遗产资源保护与开发"；子项层选择"历史价值、文化价值、科学价值、艺术价值、精神价值、时代价值、保护现状和开发条件"；因子层选择与子项层相关的 22 项指标，后以问卷形式进行专家打分，根据"界值法"计算指标的"平均值"和"变异系数"界值，进行指标筛选。最后构造"比较判断矩阵"，确定指标权重，得出遗产资源点价值，并进行资源分级。在遗产资源可视化数据库中赋予价值等级，发现具有重要遗产价值资源存在孤岛化、碎片化现象，且不及时保护可能有消亡风险，为遗产廊道空间整合和游线规划提供依据。

五、技术路线

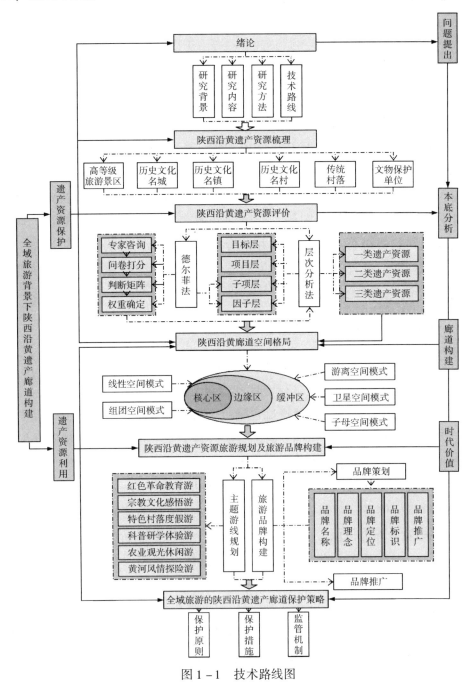

图 1-1 技术路线图

第二章　相关概念及研究进展

一、相关概念

(一) 全域旅游概念

2013年，厉新建对"全域旅游"的概念进行了界定，指的是全民参与，融合区域全部旅游资源，整合兼顾多部门、多行业，为旅客提供系统的、全方位体验的一种旅游发展模式。全域旅游将一个行政区域视为一个旅游景区，当地政府通过行政手段，将全域范围内可利用的具有强吸引力的旅游资源进行整合、放大，在保护旅游资源的同时最大限度地挖掘旅游资源价值，推动旅游产品升级，为游客提供丰富多样的旅游体验。

(二) 遗产廊道概念

1993年，查尔斯（Charles）提出遗产廊道概念，即"拥有特殊文化资源集合的线性景观，通常带有明显的经济中心、蓬勃发展的旅游产业、历史建筑的适应性再利用、娱乐及环境改善等特点"；是一种将遗产与生态保护、休闲娱乐、繁荣经济融于一体[4]，针对大尺度文化景观及遗产区域化保护与利用的方法。与遗产廊道相似的理念还有国际古迹遗址理事会（ICOMOS）提出的跨区域、跨国家的一种遗产形式——"文化线路（Cultural Route）"[5]，崇尚"交流和对话"的理念。此外，还有绿道、遗产区域、线性遗产等与遗产廊道概念相似。

通过美国伊利诺伊和密歇根运河国家遗产廊道、黑石河峡谷遗产廊道、英国德文特峡谷遗产廊道、日本小樽运河工业遗产廊道等案例比较，发现国外遗产廊道研究立足本国实际，偏重从协调性和可实施性的经济发展出发制定保护策略，在立法与管理、保护规划及开发利用方面各有特点。[6]但当前，国内对遗产廊道的研究正处于起步阶段，并未形成系统、成熟的理论及建立相应的保护法规、机制。[7]

（三）陕西沿黄概念

本书中陕西沿黄的概念是基于陕西沿黄公路全线贯通，途经陕西省5市11县，并依据《陕西省沿黄生态城镇带规划（2015—2030）》所规划范围，以共同的黄河文化特征为基础，以历史文化的传续为目的，构建具有地域空间连续性的文化区域。其研究范围包括：渭南市的潼关县、大荔县、合阳县、韩城市，延安市的宜川县、延长县、延川县，榆林市的清涧县、吴堡县、绥德县、佳县、神木市、府谷县（简称：5市11县）。

二、全域旅游发展现状

（一）全域旅游示范区的设立

2015年9月国家旅游局启动开展"国家全域旅游示范区"创建工作，颁布《关于开展"国家全域旅游示范区"创建工作的通知》。其中对全域旅游概念规定为将特定区域作为完整旅游目的地进行整体规划布局、综合统筹管理、一体化营销推广，促进旅游业全区域、全要素、全产业链发展，实现旅游业全域共建、全域共融、全域共享的发展模式。国家旅游局先后公布了两批国家全域旅游示范区创建名单：2016年2月国家旅游局公布了首批国家全域旅游示范区创建名录，共计262个；2016年11月国家旅游局公布了第二批国家全域旅游示范区创建名录，共计238个。

经过审核与评定，2019年9月25日，文化和旅游部官网公布首批国家全域旅游示范区名单，共71个区县市。2020年12月17日，文化和旅游部正式对外发布第二批国家全域旅游示范区名单[8]，共97个单位。截至2020年12月，我国已有168个国家全域旅游示范区。这些示范区在创建方式、创建路径、创建成果上各具特色，为更多示范区创建单位提供了诸多有价值的、可复制、可推广的经验做法，特别是在文旅融合发展、旅游扶贫富民、城乡统筹、生态依托、景城共建共享、休闲度假、资源转型、边境开发开放等方面进行的实践探索，对各地深化全域旅游发展具有借鉴意义。

(二) 全域旅游学术方面的发展

全域旅游示范区的设立对今后推进全域旅游、大众旅游发展产生了积极示范作用，同时也为我国发展全域旅游提供了良好的政策条件与机遇，将学者们的目光聚集在了全域旅游发展上，因此2016年全域旅游相关文献数量猛增。学者们对全域旅游的研究涉及概念研究、旅游资源（开发与利用）、开发模式、实证研究、评价体系、旅游线路规划、时空分布、品牌等方面，具体研究内容见表2-1。

表2-1　全域旅游相关研究汇总表

相关研究主题	研究方面	主要关键词	主要作者
概念研究	概念与内涵	理论内涵、意义作用、旅游用地概念及分类、发展阶段	夏杰长、杨振之
旅游资源（开发与利用）	旅游资源整合	可行性、资源整合	赵忠奇、何成亿
	旅游资源开发路径	红色文化、乡村旅游资源、特色蔬菜旅游资源、发展路径、开发路径、开发与利用	孟　乐、吴金铃
开发模式	开发（发展）模式	旅游+农业融合、文旅融合、产业与区域经济耦合、包容性旅游扶贫模式、集群模式、民族特色小镇、休闲运动小镇、特色小镇	纳　慧、黄安妮、张仪华、张国良
实证研究	构建	产业统计分类与指标体系构建、发展水平评价指标体系构建与实证	王旭科
评价体系	竞争力评价	省域旅游资源竞争力评价	李　博
旅游线路	旅游线路规划	自驾游产品线路	袁　昭
时空分布	时空分布及演变	城镇化响应强度时空演变、旅游景区时空集中性	刘　姗、刘　琪
品牌	品牌构建	品牌影响因素、营销策略与品牌策略规划	晋　军、王帅辉

续表

相关研究主题	研究方面	主要关键词	主要作者
实证研究与反思	实证研究	社区参与乡村全域旅游、发展样本南昌南矶乡、苏州吴江、乡村振兴、扶贫	姚 忠、陈晖莉、徐 红、丁自豪
	综述与反思	实践与反思、发展经验启示、探索与反思、旅游线路规划综述	张凌云、吴志才、李东和、常 亮

部分学者对全域旅游概念进行了解读，但只停留在对其基础概念的定义、发展意义及方向，与其他相关行业的联动发展等较为宏观的层面进行了分析。由于全域旅游概念在中国已发展了五年，需要总结先前的研究经验与不足，对未来研究指明道路与方向，因此2020年集中出现了相关总结与反思、实证研究类型的文章。李东和提出了在推进全域旅游实践方面还存在重"牌"轻"路"、重"创"轻"治"、重"行"轻"知"、重"纵"轻"横"等问题并进行了辨析。[9]对于旅游资源方面研究多集中于将乡村旅游资源纳入全域旅游资源规划中，充分发挥乡村旅游资源优势。孟乐对全域旅游视角下山西省乡村旅游发展现状提出了旅游投资配比单一、"厕所革命"成果不彻底、乡村旅游景点服务质量低、从业人员素质不高、环境问题突出等问题，并提出了一系列治理措施。[10]刘姗对中国西部12个省份2000—2018年旅游城镇化响应强度进行了测量，分析其时空演变特征，结合面板数据剖析了其影响机制，研究了全域旅游与旅游城镇化的关系。[11]王旭科等构建了全域旅游发展水平评价指标体系，为全域旅游示范区的创建、评定与地方全域旅游发展提供了参考。[12]

（三）乡村振兴与沿黄全域旅游相关研究

发展全域旅游对于乡村振兴战略有着积极且重要的推动作用。近几年，以全域旅游的开发与乡村振兴为主题的研究大量涌现。2021年的核心期刊论文当中，学者对全域旅游对乡村振兴的驱动[13]、影响度评价及对策[14]、全域旅游发展模式[15]等方面进行了研究。

黄河流域旅游资源富足、类型多样、特色鲜明，基础设置正在逐步完善，为发展全域旅游提供了有利条件。但是截至 2021 年 6 月，在中国知网上搜索沿黄地区全域旅游相关的期刊文献仅有 9 篇，数量较少，相关研究地区与内容见表 2-2。

表 2-2 沿黄地区全域旅游相关期刊研究文献汇总表

全域旅游研究省域	范围	研究方面	关键词	主要作者
甘肃省	省域	旅游空间	结构优化	蔡佳、白永平
陕西省	晋陕沿黄 7 市	旅游经济	时空差异	桑子俞、胡炜霞
	神木市组团	旅游规划	黄河大峡谷生态旅游带	张凌云
	延川县	旅游发展实证、沿黄旅游带打造	综述、成果、打造策略	陈小玮、张勋
	府谷县	旅游发展实证	综述	张凌云、王永程
山西省	山西省黄河流域	构建全域旅游	必要性、建设条件、问题、对策	桑子俞、胡炜霞
河南省	荥阳市	全域旅游发展	对策	张祝平

从上表当中可看出，沿黄地区全域旅游的研究仅涉及 4 个省的部分地区，且研究内容集中于旅游空间规划和相关对策，属于起步阶段，尚不够全面。沿黄地区旅游资源丰富，文化底蕴丰厚，今后可运用多学科交叉的方法对此区域全域旅游、遗产资源保护与开发进行系统、科学的研究。

（四）全域旅游研究展望

全域旅游这一概念较新，相关研究尚未完善，还处于初步探索阶段。国家已设立的 168 个全域旅游示范区发展前景较好，现有的全域旅游发展模式集中于"旅游+农业"、特色小镇、文化小镇、文旅融合等模式，由于大数据这个时代背景，未来旅游的服务、集群模式等将更加智能化，大数据与互联网将成为旅游发展的重要工具，全域旅游也将是未来我国旅游发展的主流模式。沿黄地区为线性区域，跨省市多且地域范围广，文化底蕴深厚，非常适合运用遗产廊道的模式对其进行全域性的旅游开发与保护。

现研究中无学者将其两者进行结合，可对沿黄地区的旅游资源整合、空间模式、旅游品牌构建等方面进行着重研究。

三、遗产廊道研究进展

遗产廊道是 20 世纪 80 年代发端于美国的一种区域化的遗产保护战略方法。1984 年，美国国会立法指定伊利诺伊和密歇根运河（I&M Canal）为国家遗产廊道，这标志着遗产廊道概念的正式确立。[16]此后，各国学者从不同角度对遗产廊道理论进行了积极探索，如 Tegar 等[17]从舒适性理论的角度出发，重新设计科沙湾（Kesawan）地区公共设施的概念设计，以提升高棉兰市（Medan）科沙湾遗产廊道的舒适度；B. Bynum Boley 等[18]采用演绎定性分析法（DQA），探索了古拉吉奇文化遗产廊道（GGCHC）内的授权，并讨论了对低地文化遗产旅游营销和管理的影响；Harkness 等[19]通过构建泰姬陵遗产廊道，使公众重新关注历史悠久的河流廊道，以此复苏亚穆纳河畔的历史与文化等。我国有关遗产廊道的研究虽起步较晚，但随着国家对历史遗产、遗址保护重视度的提高，近年来遗产廊道相关研究迅速增加，研究体系不断完善，但当前对其阶段研究成果总结与研究述评并不多。张镒运用 ROST CM6 工具，结合 Net Draw 软件对中国遗产廊道研究的主要内容进行了可视化分析[20]；张定青[21]（2016）、高晨旭[22]（2018）、熊梦林[23]（2019）分别对国内遗产廊道进行了综述性研究。以上研究中的可视化分析时间跨度范围较小，样本数量较少，随着学科知识的更新，未能完整反映我国当前遗产廊道发展趋势，其他传统文献分析方法未能基于数据有效揭示遗产廊道研究的知识结构及其演进的总体特征。因此本文基于中国知网（CNKI）数据库，借助文献计量 Citespace 软件，将 2001—2020 年间的文献数据进行可视化分析，定量梳理文献基本特征与研究内容，以构建国内遗产廊道研究领域完整的知识图谱与体系，其研究成果可为更多学者更有针对性地开展遗产廊道的相关研究提供理论支撑。

（一）数据来源与研究方法

1. 数据来源

本文选取中国知网作为文献数据来源，检索以"遗产廊道"为主题的文献,检索时间从 2001 年到 2020 年 12 月 31 日,共获取 629 篇文献。逐篇剔除会议、刊首语、访谈等与本研究无关的文献,最终得到 326 篇文献作为数据样本。

2. 研究方法

为直观反映国内遗产廊道研究领域的相关成果,本研究以 CNKI 数据库检索出的 326 篇遗产廊道相关研究文献为数据样本,运用 Excel 软件进行归纳整理,得出年度文献发表趋势折线图。

运行 Citespace V. 5. 6. R4(64 – bit)版本软件,年份切片为 1 年,设置 Node Types 的"Author, Institution, Keyword"指标,绘制科学知识图谱。通过作者与机构共现分析、关键词共现与聚类分析等方法,对国内遗产廊道相关研究进行文献计量可视化分析,客观定量分析国内遗产廊道研究现状与知识结构,并结合国外遗产廊道发展动态,进而科学预测其发展动向与趋势。

(二)遗产廊道研究基础数据分析

1. 研究历程分析

通过观察阶段时间内论文数量的变化趋势,能够直观且全面地了解该研究领域的总体发展趋势和前沿动态。[24]因此本研究基于国内遗产廊道研究中各年份的发表文献数量,对其进行阶段划分,并绘制年度文献发表量变化趋势图(图 2 – 1)。

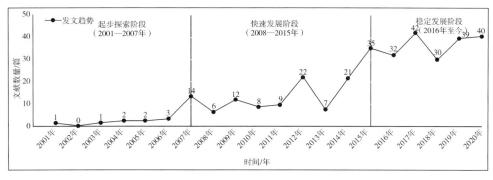

图 2 – 1 遗产廊道研究年度文献发表量变化趋势图

2001—2007年为起步探索阶段，遗产廊道理念被引入国内，相关研究受到关注，但其研究方向较狭窄，且研究成果较少。该阶段主要在遗产廊道概念的基础上探索其理论方法，并进行初步实践探索。

2008—2015年为快速发展阶段，研究文献大量涌现，其中硕博论文数量增加明显。遗产廊道构建体系形成并逐渐完善，研究内容从初期单一的大运河保护拓展到文化线路、交通道路等多领域综合保护与开发。研究所涉及的学科由景观生态学和城市规划等逐步扩展到遗产保护、旅游规划、公共管理等更加广泛的学科领域。

2016年至今为稳定发展阶段，年发文量约37篇，2017年发文量达到顶峰，为遗产廊道研究领域最为活跃的一年。该阶段随着"一带一路"政策的推进、生态文明建设力度的加强，遗产廊道研究从理论层面逐步转向实践应用，研究视角更加多元化，研究成果持续增长。

2. 发文作者与研究机构分析

经统计，共有216个机构的297位作者曾参与本研究。根据普赖斯公式$M \approx 0.749\sqrt{N_{max}}$[25]，计算得出遗产廊道研究核心作者人数为14人，核心作者发文数占发文总数的26.5%，表明从事遗产廊道相关研究的学者较为分散。发文作者中俞孔坚、李飞发文量最多（均为10篇），但从累计被引量来看，俞孔坚最高（累计1481次），表明该学者在遗产廊道研究领域具有一定的影响力，李飞累计被引量较低（累计134次），说明该学者为遗产廊道研究的新生力量。发文研究机构多以高等院校为主，其中北京大学景观设计学研究院发文量最多，占总发文量的4%，说明该院校在遗产廊道研究方面取得了一定的研究成果，且具有较大影响力。

为进一步研究其合作关联度，运行Citespace软件，绘制作者—研究机构合作共现混合图谱（图2-2）。图谱仅展示频次大于2的作者与机构，圆形节点代表机构与作者，节点大小表明作者、机构出现的频次，连线粗细代表其共现关系强度。通过图谱结合重要文献，可以发现该领域学术合作主要集中在北京大学景观设计学研究院俞孔坚教授团队、北京联合大学旅游学院李飞教授团队、华南商贸职业学院柯彬彬教师团队。俞孔坚教授团队从景观生态、文化遗产角度研究大运河遗产廊道构建，该团队在遗产廊道研究方面影响力较大，处于前沿与领先地位；李飞教授团队在遗产廊道基础上提出了廊道遗产概念；柯彬彬教师团队以海上丝绸之路为主要研究对象，探讨海上丝绸之路文化遗产廊道构建思路及其旅游开发，该团队为2015年以后开始新兴的研究团队。总体来看，图谱中节点间连线较少，表明本领域学术合作较为分散，尚未形成跨区域、跨学校、跨学科的协同合作机制。

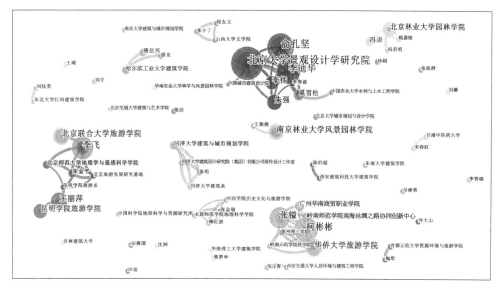

图2-2　遗产廊道研究作者—研究机构合作共现混合图谱

（三）基于关键词的研究内容图谱分析

关键词是文献主题的浓缩与提炼，通过分析关键词频次、中心性和聚类及突现度这4个重要指标可以直观呈现该研究领域的知识结构，并从中探讨热点问题、主题方向及研究趋势。[26]关键词出现的频次和中心性在一般情况下呈正相关[27]，频次越高表示关注度越高，中心性越大表示越重要，聚类可以反映该领域主要研究方向，突现度可以探索该领域时间段的前沿领域和发展趋势。

1. 研究热点分析

对关键词进行共现分析可在一定程度上反映该领域的研究热点。运用Citespace软件绘制高频关键词共现图谱（图2-3），图谱中十字形节点大小反映关键词频次高低,连线数量与粗细反映关键词共现次数多少与关联程度强弱。图谱中共有353个节点(N=353),423条连线(E=423),网络密度0.0068(Density=0.0068),图谱网络呈现出遗产廊道研究领域分支较多、关键词间关联度不紧密的特点。

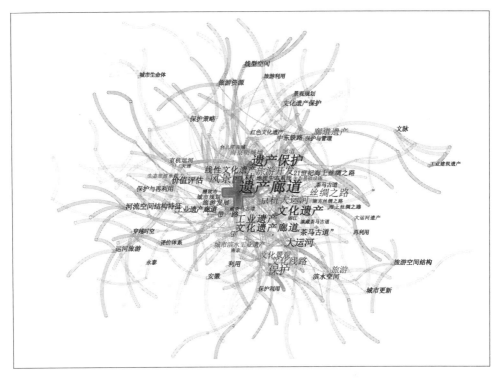

图2-3 遗产廊道高频关键词共现图谱

除"遗产廊道"主题词汇之外,其他关键词均代表遗产廊道领域的研究热点,如遗产保护(中心性0.45,频次22)、文化遗产(中心性0.19,频次21)、风景园林(中心性0.19,频次11)、工业遗产(中心性0.13,频次18)、构建(中心性0.12,频次11)、廊道遗产(中心性0.11,频次9)等(表2-3)。其中中心性大于0.1的关键词只有10个,再一次说明国内遗产廊道研究领域较为分散;"遗产保护"出现的频次、中心度均较高,是近几年来国内遗产廊道领域的主要研究热点;廊道遗产、线性文化遗产中心度虽较高,但出现的频次较低,说明这两个主题近年产出较少,是潜在的研究热点。同时,关键词共现图谱网络中的周边凸显点代表了新兴选题方向,包括城市生命体、旅游空间结构、城市更新、工业建筑遗产等。

表2-3 遗产廊道高频关键词中心性排序表

序号	关键词	中心性	频次	年份(出现)
1	遗产廊道	0.95	169	2001
2	遗产保护	0.45	22	2007
3	文化遗产	0.19	21	2008
4	风景园林	0.19	11	2003
5	工业遗产	0.13	18	2007
6	构建	0.12	11	2009
7	廊道遗产	0.11	9	2008
8	线性文化遗产	0.11	6	2009
9	保护	0.10	16	2001
10	京杭大运河	0.10	11	2006
11	丝绸之路	0.09	12	2006
12	文化遗产廊道	0.08	13	2008
13	大运河	0.08	11	2004
14	旅游开发	0.07	12	2007
15	文化线路	0.07	11	2005

2. 研究主题分析

在关键词共现图谱的基础上,对关键词进行聚类,并采用 LLR 算法(对数似然率)对各聚类进行标识命名,得到关键词聚类图谱(图 2-4)。图谱网络模块化(Modularity)评价指标 Q 值 = 0.719 > 0.3,且网络同质性平均值(Mean Silhouette)评价指标 S 值 = 0.5994,在 0.5 以上,表示聚类是合理且有效的。图谱中各关键词聚类的重叠性较高,说明聚类之间有较强的关联性,进而说明遗产廊道研究主题较为集中。

在聚类图谱的基础上结合其主题词的相近程度和对应的高被引论文,并通过阅读重点文献,将 15 个聚类归纳为 4 个热点研究主题:概念梳理、研究对象、研究范畴、研究方法(表 2-4)。

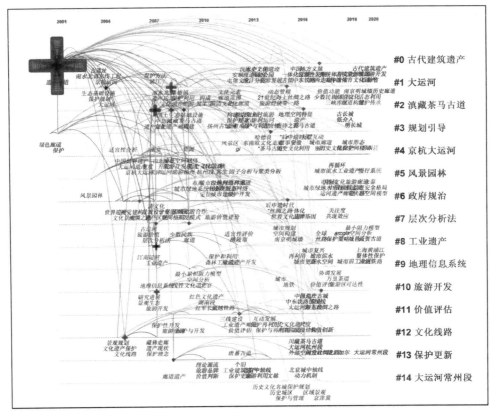

图 2-4 遗产廊道高频关键词聚类图谱

表 2-4 遗产廊道热点研究主题

研究主题	编号	轮廓值	聚类名称	主要关键词
概念梳理	#3	0.928	规划引导	历史文化保护、多维度、规划引导
	#6	0.944	政府规治	政府规治、世界文化遗产、关注度
	#12	0.803	文化线路	保护理念、线性文化遗产、文化线路
研究对象	#0	0.99	古代建筑遗产	古代建筑遗产、历史文化遗迹、旅游发展
	#1	0.922	大运河	大运河、生态基础设施、文化廊道
	#2	0.963	滇藏茶马古道	滇藏茶马古道、文化遗产廊道、构建
	#4	0.875	京杭大运河	绿道网络、京杭大运河、景观遗产
	#8	0.831	工业遗产	工业遗产、矿业城市、津浦铁路
	#14	0.996	大运河常州段	大运河常州段、景观遗产、文化廊道

续表

研究主题	编号	轮廓值	聚类名称	主要关键词
研究范畴	#5	0.976	风景园林	景观安全格局、风景园林、生态旅游承载力
	#10	0.912	旅游开发	旅游开发、遗产保护、线型空间
	#13	0.954	保护更新	工业遗产、遗产保护、保护更新
研究方法	#7	0.942	层次分析法	适宜性评价、最小阻力模型、层次分析法
	#9	0.984	地理信息系统	最小累积阻力模型、空间分析、保护体系
	#11	0.954	价值评估	工业遗产、旅游资源、价值评估

(1) 概念梳理

涉及该主题的聚类有规划引导（#3）、政府规治（#6）、文化线路（#12）。遗产廊道作为一种较新的遗产保护方法，强调文化遗产保护和自然保护并举，是集遗产保护、区域振兴、居民休闲、文化旅游及教育多赢为一体的多目标保护规划方法。[28]北京大学王志芳、孙鹏团队于2001年首次将其概念引入国内，并对其进行梳理，指出遗产廊道是集历史文化、经济价值和自然生态系统三者并举的多维度综合保护措施，其中历史文化内涵位于首位[29]，开启了国内遗产廊道研究的先河。之后多位学者将遗产廊道、文化线路等相似概念进行了概念梳理与综合比较，遗产廊道与文化线路比较而言，两者既有区别又有联系。李伟[30]认为遗产廊道并非像文化线路那样从遗产保护出发，更多的是作为一种地方发展战略或规划方法。文化线路作为客观存在的遗产类型，注重线路的文化意义，强调线路在文化上的影响，以文化交流和传播为主；遗产廊道作为拥有文化资源的线性景观，虽然也强调文化交流，但更多的以生态保护与经济振兴（旅游开发）为主。

(2) 研究对象

涉及该主题的聚类有古代建筑遗产（#0）、大运河（#1）、滇藏茶马古道（#2）、京杭大运河（#4）、工业遗产（#8）、大运河常州段（#14）。根据聚类内高频关键词内容，结合每个聚类内高被引论文、代表性学者论文及近期发表的论文，将遗产廊道的研究对象分为7个主题类型，分别为河流线路型、文化线路型、工业遗产型、交通道路型、战争遗址型、民族文化型、景观风貌型（表2-5）。

表2-5 遗产廊道研究对象分类

主题类型	具体对象
河流线路型	大运河、漓江、郑国渠、丹金漕河、大西安"八水"、左江、渭河水系、长江三峡、鸭绿江右岸、沅水、汉江、丽江、古桂柳运河
文化线路型	藏彝走廊、丝绸之路、茶马古道、唐蕃古道、唐诗之路、河西走廊、永昌古道、南粤古驿道、潇贺古道、古蜀道
工业遗产型	哈大齐、锡都个旧、城市滨水工业、杭州莫干山路工业、胶济铁路沿线工业、黄浦江两岸工业、京浦铁路煤矿工业
交通道路型	滇越铁路、西南三线、南襄隘道、中东铁路、辽南古代驿路、南满铁路、京津冀铁路、胶济铁路、杭州莫干山路
战争遗址型	南京明城墙、苗疆边墙体系、珠江古炮台、长城、齐长城、抗战遗产、晋蒙明长城、新荣区古长城、辽东长城、晋北明长城
民族文化型	京沈清文化、安顺屯堡文化、辽宁满族文化、少数民族体育文化、红军长征、景德镇陶瓷、川陕三国文化、东北抗日文化
景观风貌型	龙脊岭、潇湘八景、珠峰自然保护区

当前国内遗产廊道构建中，以河流线路为主题类型的文献最多，其中大运河研究频次最高。李伟等通过分析大运河的价值以及当前面临的挑战与机遇，首次提出运用遗产廊道理念整体保护大运河的初步理论框架。在此基础上，多位学者以大运河不同区段为视角进行实证研究，如京杭大运河江南段、天津段、扬州段、杭州段等。除大运河外，河流线路型还包括漓江、大西安"八水"、左江、渭河水系等遗产廊道的构建。

其次研究频次较高的主题类型为文化线路型（丝绸之路与茶马古道研究居多，主要以贸易和文化交流通道为主）、战争遗址型（以军事防御体系——长城为主）、民族文化型（民俗文化与红色文化研究居多）、交通道路型（以铁路线为主），而景观风貌型主题研究较少。

（3）研究范畴

涉及该主题的聚类有风景园林（#5）、旅游开发（#10）、保护更新

(#13)3个聚类。遗产廊道的区域性观点、尺度性特点、综合性价值及多目标导向决定了其研究领域涵盖多学科视角[7]，包括旅游规划、遗产保护、风景园林、景观生态、城乡规划等学科。

俞孔坚等[31]在北京元大都城垣遗址公园方案设计中，运用遗产廊道理念，用景观设计语言对历史地段景观进行改造设计，实现了国内遗产廊道理论与实践的首次结合，也是国内最早将遗产廊道理念应用于风景园林范畴的案例。此后，王亚南等[32]提出将遗产廊道构建思想引入城市绿地系统规划工作中，探讨了基于遗产廊道构建的绿地系统布局模式。徐凌云[33]基于对遗产廊道网络的整体认知体系，提出了通过构建遗产廊道网络来整合文化景观资源，保护特色景观风貌格局。

针对遗产廊道的旅游开发，学者们对京杭大运河的研究居多，如江苏段（提出了遗产廊道旅游开发的时空模式与优化模式路径[34]）、天津段（构建了运河旅游发展评价指标体系并提出旅游发展对策[35]）、山东南段（从旅游创新和供给侧改革角度，提出发展旅游开发的建议[36]）等，从不同视角对大运河旅游开发展开研究。此外，李创新[37]运用遗产廊道理念，探讨了"丝绸之路"的旅游合作开发模式。唐岳兴[38]以中东铁路滨绥线为例，对其遗产廊道沿线城镇的旅游开发潜力进行了定量研究。

遗产廊道理念下的保护更新，既强调对遗产及生态的双重保护，又重视对遗产区域的再生与延续，以实现社会与经济可持续发展。孙俊桥[39]以锡都个旧工业遗产为例，以规划的角度，引入"遗产廊道"模式，对此进行创新性保护与更新。尤世峰[40]以京杭运河苏北段作为研究对象，梳理苏北沿运工业遗产点，提出遗产廊道概念统筹下的更新改造设计策略，实现整体区域保护与开发。

（4）研究方法

涉及该主题的聚类有层次分析法（#7）、地理信息系统（#9）、价值评估（#11）。当前国内遗产廊道的研究多采用数字化模拟技术、数学计算模型等定量与定性相结合的研究方法，其中数字化模拟技术主要借助于地理信息系统（GIS）技术等其他手段，结合MCR（最小累计阻力模型），对遗产廊道进行适宜性分析。如俞孔坚[41]以台州市为例，运用最小累积阻力模型，和GIS技术对遗产廊道适宜性分析进行了探讨。李春波[42]以京杭大运河天津段为例，运用 GIS 技术对大运河沿线历史文化遗产的分布状况进行了分析，确定了大运河遗产廊道的理想宽度。数学计算模型主要运用层次分析法（The Analytic Hierarchy Process）、德尔菲法（Delphi Method）等其他方法进行遗产价值评估，如吕龙[43]运用层次分析法和德尔菲法相结合的方法，对古运河江苏段进行了旅游价值评价，构建了遗产廊道旅游价值评价指标体系。杜忠潮[44]等以西北地区丝绸之路为例，运用层次分析法，从遗产廊道的视角对西北地区丝绸之路旅游价值进行了综合定量评价。

3. 前沿趋势分析

关键词的突现性，是指某一时间段内关键词的被引频次或共现频次变化率较高，可以用来预测该领域内未来的研究方向与发展趋势[45]。在遗产廊道文献关键词分析中得到 20 个突现词（图 2-5），从突发性关键词的阶段变化情况来看，可以将其大致分为 3 个阶段：

第一阶段（2004—2010 年），该阶段研究热点集中在"大运河""运河旅游""京杭大运河""文化景观""廊道遗产"等方面。研究初期，俞孔坚、李迪华、李伟、朱强等将以大运河为代表的线形文化景观遗产作为研究对象，探讨大运河遗产廊道构建策略；吴元芳又基于遗产廊道模式开展运河旅游开发研究。2010 年，李飞[46]在绿道、遗产廊道等的基础上，结合我国文化遗产历史状况和遗产保护开发现实情况提出的新概念——廊道遗产，试图探寻本土化遗产保护新方法。其中，"大运河"关键词的突现强度为 3.3033，且持续时间最长，说明大运河在遗产廊道研究初期受到较高重视，该时期基于大运河的遗产廊道构建及其旅游成为其研究趋势。

第二阶段（2011—2016 年），该阶段突现关键词较多，说明研究分支逐渐增多。研究热点主要集中在"构建""滇藏茶马古道""工业遗产廊道""茶马古道""旅游发展""21 世纪海上丝绸之路""旅游开发""中东铁路""城市更新"等方面。研究对象开始从初期单一的大运河扩展到茶马古道、中东铁路、海上丝绸之路等区域，研究尺度与范围扩大，针对不同尺度范围的区域进行遗产廊道研究成为当下的研究趋势。突现关键词中，"滇藏茶马古道"关键词的突现强度为 3.0202，"旅游开发"突现强度最高，为 3.6848，说明滇藏茶马古道属于该时期的重点研究对象，同时基于遗产廊道的旅游开发属于该时期的研究热点。

第三阶段（2017年至今），该阶段突现词主要包括"文化遗产廊道""一带一路""保护策略""线性文化遗产"等。表明该阶段遗产廊道以线性文化遗产为主要研究对象，侧重于对文化遗产廊道的研究，同时受国家"一带一路"政策的引导，以"一带一路"为纽带的遗产廊道研究成为当下及未来的研究前沿。

Top 20 Keywords with the Strongest Citation Bursts

Keywords	Year	Strength	Begin	End
大运河	2001	3.3033	2004	2010
文化景观	2001	2.384	2005	2007
京杭大运河	2001	2.1736	2006	2010
运河旅游	2001	1.3208	2008	2013
廊道遗产	2001	1.7707	2008	2010
构建	2001	1.3454	2009	2012
滇藏茶马古道	2001	3.0202	2009	2012
工业遗产廊道	2001	2.0938	2012	2014
茶马古道	2001	1.7872	2014	2015
旅游发展	2001	2.136	2014	2016
21世纪海上丝绸之路	2001	1.5071	2015	2017
旅游开发	2001	3.6848	2016	2017
中东铁路	2001	1.4297	2016	2017
城市更新	2001	1.4297	2016	2017
文化遗产廊道	2001	1.5241	2017	2020
价值评价	2001	1.4515	2017	2018
文化遗产	2001	1.4999	2018	2020
一带一路	2001	1.6193	2018	2020
保护策略	2001	1.3244	2018	2020
线性文化遗产	2001	1.6193	2018	2020

图2-5 2001—2020年前20位突现关键词

（四）国外遗产廊道研究进展

为更好地与国际遗产廊道研究接轨，本章对国外遗产廊道发展动态进行了分析。对国外遗产廊道的研究主要包括两种形式：其一是基于国外遗产廊道文献的梳理与总结；其二则针对国内学者对国外研究动态的阐述。

1. 国外遗产廊道发展动态

遗产廊道是绿道（Greenway）和遗产保护区域（Heritage Area）相结合的产物，美国在构建和发展遗产廊道方面历史最为悠久，也是最早进行遗产廊道实践的国家。美国的遗产廊道由其国家公园局（NPS）进行评定[47]，隶属于国家公园体系。根据美国遗产廊道管理主体国家公园管理局网站所示，美国在1984年便指定成立了第一条遗产廊道，即伊利诺伊和密歇根运河国家遗产廊道，并出台了针对性保护法——《1984年伊利诺伊和密歇根运河国家遗产廊道法》。截至2019年7月17日（最后更新日期），美国以州为单位共公布了55处国家遗产区域或遗产廊道，其中包括8处遗产廊道（表2-6）。美国设有专门的国家遗产区域组织，设有包含各遗产廊道、遗产区域的地图和规划管理方案展示、年度总结、资金捐赠和相关活动等信息的相关网站，并形成了相对完善的法律保障体系（主干法、专门法和相关法）与运行机制（合作伙伴制）。[48]众多学者也对美国遗产廊道进行了相关研究，如Michael P. Conzen 等[49]认为伊利诺伊和密歇根运河国家遗产廊道是一种回顾历史、复苏经济、促进娱乐和自然保护的区域性实体，并对这种新型的公共治理方法和区域转型模式的优缺点进行了广泛评估。Daniel Laven 等[50]详细介绍了国家遗产区（NHAS）的概念，并对其评价研究及其在保护区管理中的应用进行了综述。在此基础上，提出了评价NHAs规划的理论模型，并在美国国家遗产区采用定性访谈的形式进行实验与评估，以此检验NHAs模式的有效性等。

欧洲各国的遗产廊道和遗产区域保护从20世纪70年代逐渐发展起来，其保护模式与美国相似。欧洲的遗产区域项目包括由多个合作团体管理的不同大小和不同历史文化主题的地区。[51]西班牙在"遗产廊道"的基础上提出了"遗产网络"的概念，其他各国也存在与"遗产廊道"相类似的"文化线路"和"遗产线路"等概念。[52]

由此可知，国外对遗产廊道的研究起步较早，从本国地域环境、经济状况、遗产特征等多角度出发，制定了较为全面的保护与构建策略，并形成了较为完善的运行管理组织与法律机制，对国内遗产廊道研究具有一定指导意义。

表2-6 美国国家遗产廊道名录（美国国家公园管理局网站公布）

序号	名称
1	最后一条绿色谷国家遗产廊道（The Last Green Valley National Heritage Corridor）
2	古拉·盖奇文化遗产廊道（Gullah Geechee Cultural Heritage Corridor）
3	伊利诺伊州和密西根运河国家遗产廊道（Illinois & Michigan Canal National Heritage Corridor）
4	约翰·查菲黑石河谷国家遗产廊道（John H. Chafee Blackstone River Valley National Heritage Corridor）
5	伊利运河国家遗产廊道（Erie Canalway National Heritage Corridor）
6	俄亥俄州和伊利国家遗产廊道（Ohio & Erie National Heritage Canalway）
7	特拉华州和莱赫国家遗产廊道（Delaware & Lehigh National Heritage Corridor）
8	南卡罗来纳州国家遗产廊道（South Carolina National Heritage Corridor）

注：Quinebaug and Shetucket Rivers Valley National Heritage Corridor 于1994年被指定为遗产廊道，但美国国家公园管理局网站（2019年7月7日）未列出此条遗产廊道，故上表未统计。

2. 国内学者对国外研究动态的阐述

国内众多学者对国外遗产廊道的相关实践及发展经验也进行了归纳总结，为我国遗产廊道的构建提供了参照。如王肖宇[53]等详细阐述了美国黑石河峡谷遗产廊道的现有资源，并对其保护目标和方案进行梳理研究；刘凤凌[54]通过对美国伊利诺伊和密歇根运河遗产廊道、黑石河峡谷国家遗产廊道、英国德文特河谷工业遗产廊道、日本小樽运河遗产廊道4个典型案例的分析，提炼出了各自不同的实践经验；奚雪松等[55]系统地介绍了美国国家遗产区域管理规划的编制流程，并对美国伊利运河国家遗产廊道的保护与管理方法进行了梳理研究[56]；李军[57]以美国黑石河峡谷、英国哈德良长城和东南欧文化走廊为例，详细介绍了其建设与保护经验，并探析了对四川藏羌彝走廊建设的启示；龚道德等[58]剖析了美国国家遗产廊道管理模式的动态性特征；陶中怡[59]讨论了美国运河国家遗产廊道的立法制度，进行了相关概念的梳理，并对专门针对伊利运河的遗产廊道授权法——《伊利国家遗产廊道法案》进行了评述。

由此可知，国内学者对国外的研究内容大多倾向于介绍遗产廊道、评述法律保障体系、探索管理规划流程、剖析运作模式等诸多方面,这也恰是目前国内遗产廊道发展所面临的困境,未来仍需要深入剖析国外遗产廊道保护管理体制与运行模式,不局限于美国,应综合对比多国实践经验,探索符合本国实际、科学可行的管理与实践模式。

四、结论与建议

本研究运用 Citespace 软件及传统文献分析法对近 20 年国内遗产廊道研究发展状况的 326 篇论文进行了深入研究并归纳分析,并综合国外遗产廊道研究动态,得出以下结论与建议(表 2-7):

表 2-7 遗产廊道研究进展结论与建议

	研究结论	研究建议
研究内容	在研究内容上,当前研究选取的对象局限于原有线性景观资源(前文归纳的 7 种类型),并进行了较多重复性研究,很少有对单独遗产点进行逐个串联组成线性廊道的研究[5][7];研究内容多为个案分析评价与同一案例的分段研究,缺乏多案例综合比较与整体系统研究。研究主题主要涉及遗产评价、廊道构建、遗产保护、规划设计、旅游开发、保护更新等方面,尤其以遗产评价、廊道构建、规划设计最为丰富,但在遗产评价和廊道构建层面,国内尚未形成统一的判定标准,如在评价指标体系中,对部分指标赋分存在一定局限性[60],在构建技术所涉及的最小阻力模型中,缺乏统一的阻力因子赋值标准[61]等。同时国内对遗产廊道保护的法律保障与管理体系研究甚少,仅有个别著作与文献有所涉及[62][63],且仍处于理论探索阶段,尚未建立完备的保护管理体系,而国外的研究从遗产廊道构建初期就形成了较为完善的管理模式。此外,受我国行政管理体	在研究内容上,未来遗产廊道研究应拓宽研究视野,加强对在连接空间分布上较为孤立的遗产进行系统的、整体性的研究,如秦晋沿黄公路带遗产资源丰富,但分布较为分散,亟须通过空间串接以构建遗产廊道。在选取研究对象时,不局限于既有研究案例,应该从研究热点区域逐渐转向偏远未开发区域,从个案研究逐渐转向多案例对比研究。在进行相关理论研究的同时,深入调查遗产廊道实践情况,加强遗产廊道运作模式研究,引入"政府主导、公众参与、社会监督"机制,并积极培育非政府组织的参与;借鉴美国及其他国家遗产廊道较为成熟的保护与管理经验,加强国内线性遗产保护的一般法和授权法的建设[66],加快构建遗产廊道保护管理体系,研究总结具有中国特色的本土遗产廊道理论范式。

续表

	研究结论	研究建议
研究内容	制、自然环境特征等多方面影响[7]，国内遗产廊道局限于案例研究，在实践层面的突破性很小，仅有京杭大运河[64]、大同古长城文化遗产廊道[65]等较少成果。	
研究方法	在研究方法上，目前遗产廊道的研究方法已基本成熟，既有研究主要运用定量与定性相结合的方法（田野调查、文献分析、层次分析法、发生学方法、GIS等），涉及了对遗产廊道的构成要素、廊道范围、构建技术、价值评价等方面的讨论与探索。	在研究方法上，从遗产廊道研究文献的学科属性、作者特征可以看出，遗产廊道是一个涉及建筑科学与工程、地理学、环境科学、考古学、法学、管理学等多学科的范畴。未来应注重不同学科的交叉融合以及研究方法的多重运用，如运用数理统计、实验模拟、模型构建等方法确保遗产廊道研究的科学性，加强运用3S、人工智能等新技术科学理性地进行实证研究，同时随着5G大数据时代的来临，未来遗产廊道研究可运用数据挖掘技术（Python、百度指数等）、可视化技术（Citespace、VOS－viewer）等数字化、信息化技术手段进行数据搜集、分析与共享，并结合虚拟现实（VR）、增强现实（AR）等技术实现遗产数字化模拟、保护与传播等。
研究合作	在研究合作上，我国参与遗产廊道研究者及研究机构较多，但除以俞孔坚、李飞、柯彬彬为代表的研究团队，其他学者分布较为分散，缺少学术合作共同体；研究机构主要集中在北京大学、北京联合大学等少数高等院校，且机构间合作不紧密。	在研究合作上，遗产廊道作为多学科融合的综合性研究课题，亟须重视多学科协作参与，加强发文作者、研究机构之间的合作交流，增进学术会议探讨，以推动科学研究的发展。
研究趋势	在研究趋势上，遗产廊道理论自引入国内后先后经历了三个发展阶段，不同阶段出现了不同研究趋势。当前国内遗产	在研究趋势上，未来应积极开展遗产廊道管理体制的研究，制订全局规划与系统管理方案，通过政府主导平衡

续表

研究结论	研究建议
研究趋势	廊道研究围绕概念梳理、研究对象、研究范畴、研究方法等主题进行深入研究，形成了遗产保护、文化遗产、工业遗产、保护等多个研究热点，其研究热度不断提高。	相关利益主体间的关系，以提升遗产廊道构建效率；此外，随着国家"一带一路""长江经济带""黄河流域""国土空间规划"等重大战略与决策的出台，未来遗产廊道研究应紧跟国家战略需求，积极开展长江经济带、黄河流域及基于"一带一路"、国土空间规划视角下的遗产廊道构建。

第三章 陕西沿黄遗产资源梳理

一、研究范围

以陕西沿黄地区[①]为研究对象,以沿黄公路为基础,以《陕西省沿黄生态城镇带规划(2015—2030)》中的5市11县(渭南市的潼关县、大荔县、合阳县、韩城市,延安市的宜川县、延长县、延川县,榆林市的清涧县、吴堡县、绥德县、佳县、神木市、府谷县)为研究区域(图3-1)。

二、区域特征

(一)地形地貌

陕西地势的总特点是南北高、中部低,地势由西向东倾斜的特点比较明显,沿黄地区分布于陕西北部与中部局部地域,整体处于黄河

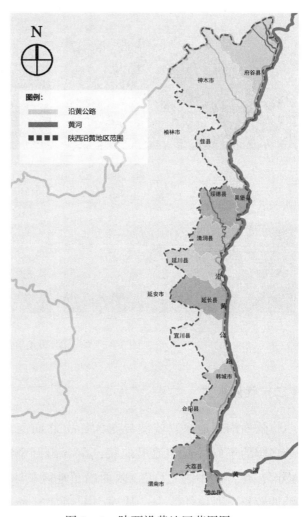

图3-1 陕西沿黄地区范围图

[①] 本文中的陕西沿黄地区以《陕西省沿黄生态城镇带规划(2015—2030)》中的规划范围为准。

流域中心地带、黄土高原东南翼，北部以高原地形为主，南部多为平原地形。沿黄地区北部的陕北黄土高原是中国黄土高原的主体部分，由黄土丘陵、黄土台塬和石质山组成，群山连绵，沟壑纵横，地面地形破碎，地形落差普遍[67]，经长期流水侵蚀和其他营力作用，发育成梁、峁、沟壑等特有的黄土地貌，形成了千沟万壑、不计其数的微小地形。（图3-2）

图3-2　陕西沿黄地区地貌图

（二）气候水文

陕西沿黄地区气候差异很大，由北向南渐次过度为温带和暖温带。复杂多样的气候特点和地形地貌，孕育出万千物种和世间珍奇，堪称自然博物馆，有"小中国之称"。陕西沿黄地区整体属大陆季风性气候，由于南北延伸较长，所跨纬度大，从而引起南北气候的明显差异。长城沿线以北为温带干旱半干旱气候，陕北其余地区和关中平原为暖温带半湿润气候。陕西温度的分布，基本上是由南向北逐渐降低，各地的年平均气温在7℃～16℃，其中陕北7℃～12℃；关中12℃～14℃。由于受季风的影响，冬冷夏热、四季分明,春、秋温度升降快,夏季南北温差小,冬季南北温差大。

年降水量的分布是南多北少,由南向北递减,受山地地形影响比较显著。春季少于秋季,春季降水量占全年的13%~24%。冬季降水稀少,只占全年的1%~4%。暴雨始于4月,于11月结束,主要集中在7~8月。

(三) 植被资源

陕西省自然环境复杂,生态条件多样,植物资源种类繁多,由于不同的地形条件和海拔梯度,形成了独特的植被分布格局(图3-3)。陕西省植被类型大致分为针叶林、针阔叶混交林、落叶阔叶林、灌丛、草原、草丛、草甸、沼泽、温性作物落叶果树、暖温性作物落叶果树、亚热带作物落叶及常绿果树,共11类。[68]榆林风沙滩地,植被形态以草灌为主;丘陵沟壑区,植被以稀树草地为主;高原沟壑区,生态空间多为侵蚀沟坡型,阴向多乔木,阳向多灌木,沟底河溪多为杨柳。

(a) (b)

图3-3 陕西沿黄地区植被

(四) 历史文化

黄河是中华民族的母亲河,是中华文明的发祥地之一。在黄河水的滋养下,人类繁衍生息,人类"择水而居"的生活习性形成了独具特色的农耕文化与各类民俗文化;近代时期,黄河代表了全国各族人民反抗压迫、反对侵略的爱国主义精神,形成了红色革命文化。陕西沿黄地区依托黄河流域衍生了底蕴深厚的历史文化资源,是黄河文化根之所系、魂之所在。

陕北是因中原华夏民族和其他少数民族融合与交流，从而形成了以汉文化为主体，融合了北方草原文化等少数民族文化的独特文化个性。战国时代秦国大将蒙恬、秦朝时代秦始皇长子扶苏都曾经驻守这里，并且修筑长城，留下了中国古代边防丰富的历史和人文遗迹；而作为革命圣地，陕北又是新中国的发祥地和革命精神的象征。

沿黄地区的渭南市属于关中地区，渭南的历史文化最早可以追溯到20万年前的"大荔人"头骨化石，此外还有"禹门口洞穴堆积"，是旧石器时代遗址；自周代起，秦、汉、唐两千年间，渭南一直是"三秦要道，八省通衢"和京畿重地。历史悠久的古潼关、风陵渡，充满传奇色彩；大荔的沙苑文化遗址、魏长城遗址、丰图义仓等闻名遐迩；有"五岳第一庙"美誉的西岳庙、汉文字始祖仓颉故里、"史圣"司马迁祠墓，还有合阳的帝喾陵、韩城文庙、蒲城唐睿宗桥陵、党家村明清古建筑群等，皆被列为国家级重点文物。

（五）民风民俗

陕西民俗文化资源异彩纷呈，包括陕西地区民间艺术、节庆习俗、饮食习俗、居住民俗等内容，是几千年来人们在劳动生活中所形成创造的产物，饱含三秦人民的人文情怀，同时记录着历史发展的轨迹，反映了三秦人民的精神风貌和三秦大地的地理特征。陕西民风民俗以陕北、关中区域最为典型，而陕西沿黄地区涵盖了陕北地区榆林、延安两市区与关中地区渭南市，因此陕西沿黄地区可以说是陕西民风民俗的缩影。陕北黄土高原是中国有代表性的文化发祥地之一，也是黄河文化和草原文化的接合处。陕北人祖祖辈辈千百年来传承下来的生活习惯和民俗事务，形成了陕北独特的民风民俗。陕北地区在婚丧嫁娶、岁时节令和宗教民俗活动中，形成了陕北民俗文化的多元性特征，使陕北民俗呈现出丰富多彩的局面。这种多样性和复杂性，几乎涵盖了生活的方方面面。最具代表性的是羊肚子手巾当帽戴、窑洞建筑、腰鼓、唢呐、闹秧歌、唱道情、耍狮子、剪纸等中国民俗文化，构成了陕北的形象符号。[69]

独特的历史文化又造就了渭南特有的风俗民情。太史庙会、华山庙会、仓颉庙会等十大庙会各具特色；蒲城焰火、华阴皮影、同州梆子、黄河锣鼓、尧山大鼓、麦秆画等声名远扬；合阳提线木偶被称为中华一绝。渭南

还是现代革命者活动较早的地区之一。蒲城县永丰镇的永丰战役纪念塔、杨虎城将军纪念馆等，是革命传统教育的基地。（图3-4）

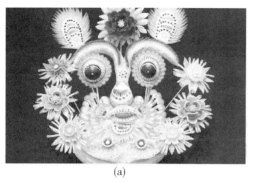
(a)

(b)

图3-4　陕西沿黄地区民风民俗

三、资源类型

按照《保护世界文化和自然遗产公约》的分类标准，遗产可以分为文化遗产、自然遗产和文化与自然双遗产三类，而文化遗产又可以分为物质文化遗产和非物质文化遗产。我国将物质文化遗产分为可移动文物和不可移动文物，并在1982年颁布实施了第一部《文物保护法》。2002年，对《文物保护法》进行了修订，总共公布的全国重点文物保护单位数量已达5057处，国家历史文化名城134个、中国历史文化名镇181个、中国历史文化名村169个。[70] 由此可见，我国对于不可移动文物基本形成了文物保护单位、历史文化名村、历史文化名镇和历史文化名城四类管理体系。

陕西沿黄地区遗产资源分类既要考虑遗产本身的属性，同时要结合遗产廊道构建"通常带有明显的经济中心、蓬勃发展的旅游产业、历史建筑的适应性再利用、娱乐及环境改善"等特点，将文化资源活化，形成一条具有自然、文化和经济多重意义的线型遗产廊道。所以，研究将风景名胜区、旅游景区和传统村落一并纳入，最终形成"文物保护单位、历史文化名城、历史文化名镇、历史文化名村、高等级旅游景区①、传统村落"六大

---

① 本书中"高等级旅游景区"指国家3A级、4A级和5A级旅游景区和风景名胜区。

类遗产资源（由于非物质文化遗产种类较多、分布较广，不容易进行定量分析，研究不包括非物质文化遗产）。

（一）中国历史文化名城

1982年2月，为了保护那些曾经是古代政治、经济、文化中心或近代革命运动和重大历史事件发生地的重要城市及其文物古迹免受破坏，"历史文化名城"的概念被正式提出。陕西沿黄地区共有3处中国历史文化名城，分别为延安市、榆林市、韩城市。

（二）中国历史文化名镇

中国历史文化名镇名村，是由建设部和国家文物局从2003年起共同组织评选的，保存文物特别丰富且具有重大历史价值或纪念意义的、能较完整地反映一些历史时期传统风貌和地方民族特色的镇和村。陕西沿黄地区有1处中国历史文化名镇，为陕西省神木市高家堡镇。

（三）中国历史文化名村

陕西沿黄地区有1处中国历史文化名村，为陕西省韩城市西庄镇党家村。

（四）传统村落

2019年我国公布的第五批中国传统村落名录中，陕西沿黄地区共有47处传统村落（表3-1）。

表3-1 陕西沿黄传统村落统计表

序号	村落名称	公布批次
1	佳县朱家坬镇泥河沟村	第三批
2	佳县佳芦镇张庄村	第二批
3	佳县佳芦镇神泉村	第一批
4	佳县峪口乡峪口村	第三批
5	佳县木头峪乡木头峪村	第四批

续表

序号	村落名称	公布批次
6	佳县螅镇荷叶坪村	第五批
7	佳县螅镇刘家坪村	第五批
8	佳县康家港乡沙坪村	第三批
9	绥德县四十里铺镇艾家沟村	第三批
10	绥德县中角镇中角村	第五批
11	绥德县中角镇梁家甲村	第四批
12	绥德县满堂川乡常家沟村	第三批
13	绥德县满堂川乡郭家沟村	第三批
14	绥德县义和镇虎焉村	第四批
15	绥德县白家硷乡贺一村	第一批
16	清涧县高杰村镇高杰村	第四批
17	延川县贾家坪镇田家川村上田家川村	第五批
18	延川县贾家坪镇磨义沟村马家湾村	第五批
19	延川县永坪镇赵家河村	第五批
20	延川县关庄镇甄家湾村	第五批
21	延川县关庄镇太相寺村	第五批
22	延川县文安驿镇梁家河村	第五批
23	延川县乾坤湾镇碾畔村	第五批
24	延川县乾坤湾镇刘家山村	第五批
25	延长县雷赤镇凉水岸村	第五批
26	韩城市桑树坪镇王峰村	第四批
27	韩城市龙门镇西原村	第四批
28	韩城市西庄镇党家村	第一批
29	韩城市西庄镇柳枝村	第四批
30	韩城市西庄镇郭庄砦村	第四批
31	韩城市西庄镇柳村	第四批
32	韩城市西庄镇薛村	第四批
33	韩城市西庄镇张代村	第四批
34	韩城市新城街道周原村	第五批
35	韩城市新城办相里堡村	第四批

续表

序号	村落名称	公布批次
36	韩城市芝阳镇清水村	第三批
37	合阳县百良镇东宫城村	第四批
38	合阳县同家庄镇南长益村	第三批
39	合阳县坊镇灵泉村	第二批
40	合阳县新池镇行家庄村	第五批
41	合阳县路井镇杨家坡村	第五批
42	合阳县黑池镇南社村	第五批
43	合阳县黑池镇黑东村	第五批
44	大荔县两宜镇东白池村	第五批
45	大荔县段家镇东高垣村	第四批
46	大荔县范家镇结草村	第五批
47	大荔县朝邑镇大寨村	第四批

（五）文物保护单位

根据中华人民共和国住房和城乡建设部、中华人民共和国文化和旅游部、中华人民共和国财政部联合公布的第一批至第八批国家文物保护单位名录，通过筛选，得出陕西沿黄地区国家级文物保护单位共计40处；通过国家文物局官方网站查询陕西省第一批至第七批省级文物保护单位名录，得出陕西沿黄地区省级文物保护单位共计157处，总计197处（表3-2）。

表3-2 陕西沿黄文物保护单位统计表

序号	名称	位置	批次	级别
1	府州城	榆林市府谷县府谷镇	第四批	国家级
2	七星庙	榆林市府谷县孤山镇	第七批	国家级
3	麟州故城	榆林市神木市	第六批	国家级
4	石峁遗址	榆林市神木市高家堡镇	第六批	国家级
5	石摞摞山遗址	榆林市佳县朱官寨乡	第六批	国家级
6	白云山庙	榆林市佳县	第五批	国家级
7	绥德党氏庄园	榆林市绥德县白家硷乡贺家石村	第七批	国家级

续表

序号	名称	位置	批次	级别
8	吴堡石城	榆林市吴堡县宋家川镇	第六批	国家级
9	李家崖城址	榆林市清涧县高杰村镇	第六批	国家级
10	延一井旧址	延安市延长县城西门桥小学	第四批	国家级
11	龙王辿遗址	延安市宜川县壶口镇	第七批	国家级
12	玉皇后土庙	韩城市北龙门镇西原村	第六批	国家级
13	马庄华严寺	韩城市龙门镇马庄村	第八批	国家级
14	法王庙	韩城市西庄镇	第六批	国家级
15	党家村古建筑群	韩城市西庄镇	第五批	国家级
16	韩城普照寺	韩城市昝村镇吴村	第五批	国家级
17	柳枝关帝庙	韩城市	第八批	国家级
18	韩城九郎庙	韩城市	第七批	国家级
19	梁带村遗址	韩城市昝村镇	第六批	国家级
20	韩城城隍庙	韩城市金城区东北隅	第五批	国家级
21	紫云观三清殿	韩城市金城区象山中学	第七批	国家级
22	韩城文庙	韩城市老城东学巷	第五批	国家级
23	毓秀桥	韩城市古城	第七批	国家级
24	北营庙	韩城市古城区	第六批	国家级
25	关帝庙正殿	韩城市	第八批	国家级
26	庆善寺大佛殿	韩城市古城	第七批	国家级
27	韩城大禹庙	韩城市苏东乡周原村北	第四批	国家级
28	司马迁墓和祠	韩城市芝川镇	第二批	国家级
29	百良寿圣寺塔	渭南市合阳县	第六批	国家级
30	合阳千金塔	渭南市合阳县	第八批	国家级
31	合阳文庙	渭南市合阳县	第七批	国家级
32	罗山寺塔	渭南市合阳县	第七批	国家级
33	玄武庙青石殿	渭南市合阳县王村镇	第六批	国家级
34	大象寺塔	渭南市合阳县城东南杨家洼村	第七批	国家级
35	甜水沟遗址	渭南市大荔县段家乡解放村	第五批	国家级
36	丰图义仓	渭南市大荔县朝邑镇	第六批	国家级

续表

序号	名　称	位　置	批次	级别
37	李氏家族墓地	渭南市大荔县羌白镇	第七批	国家级
38	十二连城烽火台遗址	渭南市潼关县城东3千米禁沟西岸	第七批	国家级
39	潼关故城	渭南市潼关县	第七批	国家级
40	杨震家族墓地	渭南市潼关县	第八批	国家级
41	哈镇抗日活动旧址	榆林市府谷县哈镇	第四批	省级
42	石窟沟石窟	榆林市府谷县哈镇陈家圪堵村	第五批	省级
43	宗常山真武庙	榆林市府谷县黄甫镇宗常山上	第五批	省级
44	府谷香莲寺	榆林市府谷县黄甫镇川口村	第六批	省级
45	府州古城	榆林市府谷县城	第三批	省级
46	府谷郝氏庄园	榆林市府谷县府谷镇深塔村	第六批	省级
47	七星庙	榆林市府谷县孤山乡北山梁上	第三批	省级
48	镇羌堡城址	榆林市府谷县新民镇新民村	第六批	省级
49	黄羊村遗址	榆林市神木市店塔镇黄羊村	第三批	省级
50	寨峁遗址	榆林市神木市店塔镇寨峁村	第四批	省级
51	麟州故城	榆林市神木市店塔镇杨家城村西北	第四批	省级
52	神木白氏民居	榆林市神木市	第五批	省级
53	凯歌楼	榆林市神木市	第四批	省级
54	天台山庙	榆林市神木市	第五批	省级
55	二郎山庙	榆林市神木市	第四批	省级
56	大保当城址及墓群	榆林市神木市大保当镇	第四批	省级
57	石峁遗址	榆林市神木市高家堡镇石峁村	第三批	省级
58	高家堡古城	榆林市神木市	第五批	省级
59	石摞摞山遗址	榆林市佳县朱官寨乡石摞摞山上	第三批	省级
60	佳县城墙	榆林市佳县	第五批	省级
61	香炉寺	榆林市佳县	第四批	省级
62	佛堂寺石窟	榆林市佳县	第三批	省级
63	李有源故居	榆林市佳县	第五批	省级
64	神泉堡中共中央驻地旧址	榆林市佳县神泉堡乡神泉堡村	第四批	省级
65	玉泉寺石窟	榆林市佳县	第四批	省级

续表

序号	名称	位置	批次	级别
66	化云寺石窟	榆林市佳县	第五批	省级
67	兴隆寺	榆林市佳县	第五批	省级
68	云岩寺	榆林市佳县	第二批	省级
69	寨则湾古寨遗址	榆林市佳县坑镇寨则湾村	第七批	省级
70	佳县开化寺	榆林市佳县康家港乡康家港村	第六批	省级
71	王家墕娘娘庙古建筑群	榆林市佳县康家港乡王家墕村	第七批	省级
72	柳青故居	榆林市吴堡县张家山镇寺沟村	第七批	省级
73	川口村毛泽东东渡黄河旧址	榆林市吴堡县岔上镇川口村	第七批	省级
74	合龙山祖师庙	榆林市绥德县	第五批	省级
75	蒙恬墓	榆林市绥德县	第一批	省级
76	扶苏墓	榆林市绥德县	第一批	省级
77	韩蕲王庙	榆林市绥德县名州镇七里铺村	第五批	省级
78	卧龙岗祖师庙古建筑群	榆林市绥德县田庄镇田庄村	第七批	省级
79	绥德党氏庄园	榆林市绥德县白家硷乡贺家石村	第五批	省级
80	吴堡石城	榆林市吴堡县宋家川镇城里村	第三批	省级
81	辛庄遗址	榆林市清涧县李家塔镇辛庄村	第六批	省级
82	袁家沟毛泽东旧居	榆林市清涧县高杰村镇袁家沟村	第七批	省级
83	李家崖城址	榆林市清涧县高杰村乡李家崖村西	第四批	省级
84	永坪革命旧址	延安市延川县永坪镇石油沟、背坪、枣林湾村	第六批	省级
85	永坪红二十七军后方医院旧址	延安市延川县永坪镇	第六批	省级
86	冯家坪革命旧址	延安市延川县冯家坪镇冯家坪村	第七批	省级
87	太相寺会议旧址	延安市延川县关庄乡太相寺村	第四批	省级
88	神疙瘩山遗址	延川县马家河乡郭家河行政村	第五批	省级
89	梁家河知青旧址	延安市延川县文安驿镇梁家河村	第六批	省级
90	小程民俗文化村	延安市延川县	第五批	省级
91	文安驿城址	延安市延川县文安驿镇文安驿村	第六批	省级

续表

序号	名称	位置	批次	级别
92	高家湾八路军医院旧址	延安市延川县延川镇高家湾村	第六批	省级
93	杨家圪台革命旧址	延安市延川县杨家圪台镇杨家圪台村及干家河村	第七批	省级
94	会峰寨寨址	延安市延川县土岗乡牛家山村	第六批	省级
95	嘉平陵	延安市延川县杨家圪台镇古里村	第六批	省级
96	乾坤湾毛泽东旧居	延安市延川县乾坤湾镇刘家山村及古里村	第七批	省级
97	七里村石窟	延安市延长县城七里村镇	第四批	省级
98	东征会议旧址	延安市延长县城内寨山西南麓	第五批	省级
99	南禅寺	延安市延长县	第五批	省级
100	凉水岸河防战斗遗址	延安市延长县雷赤镇凉水岸村	第七批	省级
101	石堡寨	延安市宜川县云岩镇阁楼社区柴村	第七批	省级
102	下北赤塔	延安市宜川县云岩镇下北赤村	第七批	省级
103	圪背岭宜瓦战役指挥所旧址	延安市宜川县英旺乡圪背岭村	第七批	省级
104	中山堡址	延安市宜川县英旺乡	第七批	省级
105	二战区长官部旧址	延安市宜川县秋林镇	第四批	省级
106	宜川第二战区抗战旧址群	延安市宜川县秋林镇、壶口镇	第七批	省级
107	寿峰寺	延安市宜川县	第五批	省级
108	宜川城墙遗址	延安市宜川县丹州街道办	第七批	省级
109	宜瓦战役宜川遗址	延安市宜川县丹州街道办铁龙湾村—白家庄村	第七批	省级
110	玉皇后土庙	韩城市大池堰乡西原村	第三批	省级
111	马庄华严寺	韩城市龙门镇马庄村	第七批	省级
112	弥陀寺	韩城市西庄镇寺庄村	第四批	省级
113	永丰昌（酱园）旧址	韩城市	第五批	省级
114	嵬东司马氏族建筑群	韩城市	第七批	省级
115	韩城郭家民居	韩城市	第五批	省级
116	王村九郎庙	韩城市	第七批	省级
117	普照寺	韩城市昝村乡吴村	第三批	省级

续表

序号	名称	位置	批次	级别
118	柳枝关帝庙	韩城市西庄镇柳枝村	第五批	省级
119	吉灿升故居	韩城市	第五批	省级
120	韩城九郎庙	韩城市金城街道办事处金城大街北段303号	第四批	省级
121	庙后二郎庙	韩城市	第七批	省级
122	韩城图书楼	韩城市金城办书院街原科技局大院	第七批	省级
123	梁带村禹王庙正殿	韩城市昝村镇梁带村	第六批	省级
124	韩城苏家民居	韩城市	第五批	省级
125	韩城县衙大堂	韩城市金城区书院街	第六批	省级
126	赳赳寨塔	韩城市古城金城大街	第六批	省级
127	西彭悟真观	韩城市	第七批	省级
128	东营庙	韩城市古城区	第四批	省级
129	龙门书院	韩城市	第七批	省级
130	韩城高家祠堂	韩城市	第五批	省级
131	庆善寺大佛殿	韩城市金城街道办事处金城大街中段163号	第四批	省级
132	扶荔宫遗址	韩城市	第四批	省级
133	韩城城隍庙	韩城市老城区隍庙巷	第三批	省级
134	王峰寨古建筑群	韩城市	第七批	省级
135	韩城古街房10号	韩城市	第五批	省级
136	韩城解家民居	韩城市	第五批	省级
137	郭庄府君庙	韩城市	第七批	省级
138	韩城文庙	韩城市老城区学巷	第三批	省级
139	郭庄寨三圣庙	韩城市	第七批	省级
140	井溢古建筑群	韩城市	第七批	省级
141	南潘庄三义庙献殿	韩城市	第七批	省级
142	三义墓	韩城市巍东乡堡安村	第五批	省级
143	毓秀桥	韩城市金城街道办事处南关	第四批	省级
144	八路军东渡黄河出师抗日纪念地	韩城市芝川镇	第五批	省级

续表

序号	名称	位置	批次	级别
145	上干谷圣寿寺	韩城市	第七批	省级
146	北营庙	韩城市金城街道办事处金城大街258号	第四批	省级
147	史带禹王庙献殿	韩城市	第七批	省级
148	下干谷玉皇庙献殿	韩城市	第七批	省级
149	关帝庙正殿	韩城市新城区孝义村东	第二批	省级
150	丁家五合祠	韩城市	第七批	省级
151	周原张氏民居群	韩城市	第七批	省级
152	堡安古建筑群	韩城市	第七批	省级
153	北伍中奎星塔	渭南市合阳县甘井镇北伍中村	第七批	省级
154	邓家寨寨址	渭南市合阳县金裕镇邓家寨村	第七批	省级
155	莘村马家祖祠	渭南市合阳县百良镇莘村	第七批	省级
156	南龙亭乔氏家庙	渭南市合阳县同家庄镇南龙亭村	第七批	省级
157	南长益药王庙	渭南市合阳县同家庄镇南长益村	第六批	省级
158	合阳千金塔	渭南市合阳县天合园广场	第六批	省级
159	蒙汉合文碑	渭南市合阳县	第二批	省级
160	合阳文庙	渭南市合阳县城内	第三批	省级
161	罗山寺塔	渭南市合阳县和家庄乡东马村	第三批	省级
162	灵井遗址	渭南市合阳县坊镇灵井村	第六批	省级
163	灵泉村古建筑群	渭南市合阳县坊镇灵泉村	第六批	省级
164	玄帝庙青石殿	渭南市合阳县王村镇南王村	第三批	省级
165	福山寺	渭南市合阳县坊镇	第四批	省级
166	坊镇王氏民居	渭南市合阳县坊镇南街村	第六批	省级
167	张大有故居	渭南市合阳县城关街道办西街庙后巷2号	第七批	省级
168	大象寺塔	渭南市合阳县平政乡安阳村东北	第四批	省级
169	东吴戏楼	渭南市合阳县路井镇东吴村	第七批	省级
170	高原寨堡址	渭南市合阳县路井镇高原寨村	第六批	省级
171	东白池九郎庙	渭南市大荔县高明镇东白池村	第六批	省级

续表

序号	名称	位置	批次	级别
172	东高明堡址	渭南市大荔县高明镇东高明村	第六批	省级
173	东高城戏楼	渭南市大荔县两宜镇东高城村小学内	第七批	省级
174	北贝马哲民民居	渭南市大荔县两宜镇北贝村	第七批	省级
175	井庄戏楼	渭南市荔县范家镇井庄村	第七批	省级
176	荔北战役纪念园	渭南市大荔县	第五批	省级
177	"大荔人"遗址	渭南市大荔县段家乡解放村甜水沟东	第三批	省级
178	三义庙	渭南市大荔县	第五批	省级
179	太白庙	渭南市大荔县	第五批	省级
180	梁家遗址	渭南市大荔县埝桥镇阿河村	第七批	省级
181	东高垣城堡	渭南市大荔县段家乡东高塬村	第五批	省级
182	丰图义仓	渭南市大荔县朝邑镇大寨子村	第三批	省级
183	岱祠岑楼	渭南市大荔县朝邑镇	第三批	省级
184	金龙寺塔	渭南市大荔县朝邑镇	第三批	省级
185	金龙寺塔	渭南市大荔县朝邑镇大寨子村	第五批	省级
186	大荔河防碉堡群	渭南市大荔县朝邑镇紫阳村、朝邑农垦三团、安仁镇小坡村、安昌村	第六批	省级
187	紫冯遗址	渭南市大荔县梁家村	第七批	省级
188	李氏家族墓地	渭南市大荔县八鱼乡八鱼村北	第四批	省级
189	文殊新塔	渭南市大荔县	第五批	省级
190	大荔洛渭漕渠遗址	渭南市大荔县羌白镇焦家村、太丰村	第六批	省级
191	牛北遗址	渭南市大荔县范家镇南乌牛村	第六批	省级
192	潼关汉城遗址	渭南市潼关县秦东镇杨家庄村	第七批	省级
193	南寨遗址	渭南市潼关县城关镇南寨子村	第五批	省级
194	十二连城烽火台遗址	渭南市潼关县城东3千米禁沟西岸	第三批	省级
195	杨震家族墓	渭南市潼关县秦东镇四知村	第六批	省级
196	潼关故城	渭南市潼关县	第三批	省级
197	泗州城遗址	渭南市潼关县太要镇南巡村	第五批	省级

（六）高等级旅游景区

2021年2月中国文化和旅游部及陕西省文化和旅游厅公布的"国家A级旅游景区"名单中，陕西沿黄地区共有71处国家A级旅游景区（表3-3），其中5A级景区0处，4A级景区14处，3A级景区57处。

表3-3 陕西沿黄地区A级旅游景区统计表

序号	名称	地理位置	级别
1	洽川景区	渭南市合阳县洽川镇	4A
2	潼关古城	渭南市潼关县	4A
3	丰图义仓	渭南市大荔县朝邑镇大寨子村	4A
4	同州湖	渭南市大荔县城南1千米	4A
5	黄河乾坤湾景区	延安市延川县乾坤湾镇黄河乾坤湾景区	4A
6	黄河壶口瀑布景区	延安市宜川县壶口镇壶口景区	4A
7	佳县白云山景区	榆林市佳县峪口乡任家畔村	4A
8	红碱淖旅游景区	榆林市神木市尔林兔镇贾家梁村	4A
9	神木市二郎山景区	榆林市神木市城西1千米	4A
10	韩城市梁带村芮国遗址博物馆	韩城市西庄镇	4A
11	龙门钢铁景区	韩城市龙门镇龙钢公司	4A
12	司马迁祠景区	韩城市芝川镇司马迁祠景区	4A
13	韩城市党家村景区管理处	韩城市西庄镇党家村	4A
14	韩城市博物馆	韩城市金城区学巷45号	4A
15	大荔县八鱼石墓博物馆	渭南市大荔县八鱼村	3A
16	大荔县福佑古寨景区	渭南市大荔县范家镇	3A
17	大荔平罗农业公园	渭南市大荔县朝邑镇平罗村	3A
18	大荔畅家田园综合体景区	渭南市大荔县城关街道办畅家村	3A
19	大荔中节能光伏农业生态园景区	渭南市大荔县许庄镇	3A
20	大荔新堡月季文化产业园景区	渭南市大荔县下寨镇	3A
21	合阳县福山景区	渭南市合阳县坊镇灵泉村	3A
22	杨震廉政博物馆	渭南市潼关县秦东镇四知村	3A

续表

序号	名称	地理位置	级别
23	万盛园酱菜博物馆	渭南市潼关县城关镇东环路	3A
24	初心公园景区	渭南市合阳县甘井镇城后村	3A
25	岳渎·牡丹园景区	渭南市潼关县城关镇庆丰村	3A
26	黑池秋千谷	渭南市合阳县黑池镇南社社区	3A
27	秦王寨马刨泉	渭南市潼关县太要镇窑上村	3A
28	冬枣小镇	渭南市大荔县安仁镇	3A
29	大荔新茂天地源生态农场	渭南市大荔县官池镇北王村南3千米	3A
30	潼关黄河古渡口景区	渭南市潼关县港口南街沿北赤路东300米	3A
31	宜川蟒头山国家森林公园景区	延安市宜川县	3A
32	宜川县秋林第二战区长官司令部旧址景区	延安市宜川县秋林镇秋林村	3A
33	延川路遥故居景区	延安市延川县大禹街道办郭家沟村	3A
34	延川文安驿古镇	延安市延川县文安驿	3A
35	延川永坪会议旧址	延安市延川县永坪红色文化产业园区	3A
36	神木市陕北民俗文化大观园	榆林市神木市解家堡乡木瓜梁村	3A
37	神木市高家堡古城	榆林市神木市高家堡镇	3A
38	神木市碧麟湾景区	榆林市神木市迎宾路街道办解家堡村	3A
39	神木市杨业公园	榆林市神木市滨河新区街道办事处	3A
40	府谷县木瓜园堡	榆林市府谷县木瓜镇木瓜园堡景区	3A
41	府谷县高寒岭人文森林公园	榆林市府谷县田家寨镇兴旺庄村	3A
42	府谷县神龙山景区	榆林市府谷县城西	3A
43	府谷县沙梁古镇	榆林市府谷县庙沟门镇沙梁古村	3A
44	绥德县疏属山景区	榆林市绥德县名州镇疏属山前沿山顶	3A
45	绥德县文化广场	榆林市绥德县名州镇西山路	3A
46	绥德县绿源休闲生态园	榆林市绥德县崔家湾镇苏家圪凸村	3A
47	绥德县创新现代农业园区	榆林市绥德县名州镇裴家峁村	3A
48	绥德县郭家沟影视基地景区	榆林市绥德县满堂川镇郭家沟村	3A

续表

序号	名称	地理位置	级别
49	绥德县郝家桥景区	榆林市绥德县张家砭镇郝家桥村	3A
50	绥德县上河源景区	榆林市绥德县枣林坪镇上河源	3A
51	佳县赤牛坬民俗文化村	榆林市佳县坑镇赤牛坬村	3A
52	佳县神泉堡革命纪念馆	榆林市佳县佳芦镇神泉村	3A
53	佳县大美石窑景区	榆林市佳县上高寨乡王家山村	3A
54	吴堡县黄河二碛	榆林市吴堡县岔上镇丁家畔村	3A
55	清涧县路遥书苑景区	榆林市清涧县石嘴驿镇王家堡村210国道东侧	3A
56	清涧县太极圣境景区	榆林市清涧县玉家河镇赵家畔村	3A
57	清涧县北国风光景区	榆林市清涧县高杰村镇高家坬塬	3A
58	象山森林公园	韩城市金城区	3A
59	韩城市神农现代农业园区	韩城市芝川镇城北村神农现代农业园区	3A
60	韩城庆善寺景区	韩城市金城区金城大街163号	3A
61	韩城市晋公山滑雪场	韩城市板桥镇王村	3A
62	韩城隍庙古文化街区	韩城市金城区隍庙古文化街区	3A
63	北营庙景区	韩城市金城区金城大街北段	3A
64	大禹庙景区	韩城市新城区周原村	3A
65	法王庙	韩城市西庄镇西庄村108国道东侧	3A
66	灞岭休闲山庄	韩城市桑树坪镇王峰程家洞	3A
67	状元府博物馆	韩城市金城大街中段路西	3A
68	王村景区	韩城市板桥镇王村	3A
69	坤元庙生态风景区	韩城市桑树坪镇林源庙后村	3A
70	王峰景区	韩城市桑树坪镇王峰村	3A
71	普照寺	韩城市昝村镇吴村	3A

四、资源整理

根据我国物质文化遗产分类方式，陕西沿黄地区遗产资源可分为文物保护单位、高等级旅游景区、传统村落、历史文化名城、历史文化名镇、历史文化名村六大类。根据查询国家文物局、陕西人民政务、陕西文物局、传统村落等网站，共收集320处遗产资源数据（历史文化名城3处、历史文化名镇1处、历史文化名村1处、传统村落47处、省级和国家级文物保护单位197处、3A级以上高等级旅游景区71处）。

在陕西沿黄遗产资源整理过程中发现一些遗传资源点有合并申报更高一级文保单位或同一处遗产资源点存在既是省级文保单位又是国家级文保单位的情况。鉴于此，首先，将既是国家级文保单位又是省级文物保护单位的28处进行合并，分别是府州古城、七星庙、麟州故城、石峁遗址、石摞摞山遗址、绥德党氏庄园、吴堡石城、李家崖城址、玉皇后土庙、马庄华严寺、普照寺、柳枝关帝庙、韩城九郎庙、韩城城隍庙、韩城文庙、毓秀桥、北营庙、关帝庙正殿、庆善寺大佛殿、合阳千金塔、合阳文庙、罗山寺塔、玄帝庙青石殿、大象寺塔、丰图义仓、李氏家族墓地、十二连城烽火台遗址、杨震家族墓。其次，重复评级的遗产资源点1处，为金龙寺塔，其在1992年4月20日同岱祠岑楼被公布为第三批陕西省文物保护单位，在2008年9月16日又被单独公布为第五批陕西省文物保护单位。更正后，确定陕西沿黄遗产资源点中文保单位共计168处。

最终，确定陕西沿黄遗产资源点数量为291处，分别是文保单位168处、3A级以上高等级旅游景区71处、传统村落47处、历史文化名城3处、历史文化名镇和历史文化名村各1处。整理制作出陕西沿黄遗产资源点空间分布总图（图3-5）与陕西沿黄遗产资源点顺序对照表（表3-4）。

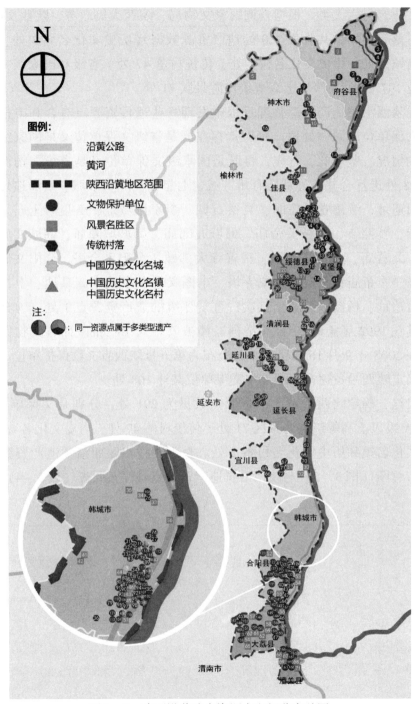

图 3-5 陕西沿黄遗产资源点空间分布总图

表3-4 陕西沿黄遗产资源点顺序对照表

序号	类型	名　　称	位　　　置
1		哈镇抗日活动旧址	榆林市府谷县哈镇
2		石窟沟石窟	榆林市府谷县哈镇陈家圪堵村
3		宗常山真武庙	榆林市府谷县
4		府谷香莲寺	榆林市府谷县黄甫镇川口村
5		府州城	榆林市府谷县府谷镇
6		府谷郝氏庄园	榆林市府谷县府谷镇深塄村
7		七星庙	榆林市府谷县孤山镇
8		镇羌堡城址	榆林市府谷县新民镇新民村
9		黄羊村遗址	榆林市神木市店塔镇黄羊村
10		寨峁遗址	榆林市神木市店塔镇寨峁村
11	文物保护单位	麟州故城	榆林市神木市
12		神木白氏民居	榆林市神木市
13		凯歌楼	榆林市神木市
14		天台山庙	榆林市神木市
15		二郎山庙	榆林市神木市
16		大保当城址及墓群	榆林市神木市大保当镇
17		石峁遗址	榆林市神木市高家堡镇
18		高家堡古城	榆林市神木市
19		石摞摞山遗址	榆林市佳县朱官寨乡
20		佳县城墙	榆林市佳县
21		香炉寺	榆林市佳县
22		佛堂寺石窟	榆林市佳县
23		李有源故居	榆林市佳县
24		神泉堡中共中央驻地旧址	榆林市佳县神泉堡乡神泉堡村
25		玉泉寺石窟	榆林市佳县
26		白云山庙	榆林市佳县
27		化云寺石窟	榆林市佳县
28		兴隆寺	榆林市佳县
29		云岩寺	榆林市佳县

续表

序号	类型	名称	位置
30		寨则湾古寨遗址	榆林市佳县坑镇寨则湾村
31		佳县开化寺	榆林市佳县康家港乡康家港村
32		王家墕娘娘庙古建筑群	榆林市佳县康家港乡王家墕村
33		柳青故居	榆林市吴堡县张家山镇寺沟村
34		川口村毛泽东东渡黄河旧址	榆林市吴堡县岔上镇川口村
35		合龙山祖师庙	榆林市绥德县
36		蒙恬墓	榆林市绥德县
37		扶苏墓	榆林市绥德县
38		韩蕲王庙	榆林市绥德县
39		卧龙岗祖师庙古建筑群	榆林市绥德县田庄镇田庄村
40		绥德党氏庄园	榆林市绥德县白家硷乡贺家石村
41	文物保护单位	吴堡石城	榆林市吴堡县宋家川镇
42		辛庄遗址	榆林市清涧县李家塔镇辛庄村
43		袁家沟毛泽东旧居	榆林市清涧县高杰村镇袁家沟村
44		李家崖城址	榆林市清涧县高杰村镇
45		永坪革命旧址	延安市延川县永坪镇石油沟、背坪、枣林湾村
46		永坪红二十七军后方医院旧址	延安市延川县永坪镇
47		冯家坪革命旧址	延安市延川县冯家坪镇冯家坪村
48		太相寺会议旧址	延安市延川县关庄乡太相寺村
49		神疙瘩山遗址	延安市延川县
50		梁家河知青旧址	延安市延川县文安驿镇梁家河村
51		小程民俗文化村	延安市延川县
52		文安驿城址	延安市延川县文安驿镇文安驿村
53		高家湾八路军医院旧址	延安市延川县延川镇高家湾村
54		杨家圪台革命旧址	延安市延川县杨家圪台镇杨家圪台村及干家河村
55		会峰寨寨址	延安市延川县土岗乡牛家山村
56		嘉平陵	延安市延川县杨家圪台镇古里村

续表

序号	类型	名称	位置
57		乾坤湾毛泽东旧居	延安市延川县乾坤湾镇刘家山村及古里村
58		七里村石窟	延安市延长县城七里村镇
59		东征会议旧址	延安市延长县城内寨山西南麓
60		南禅寺	延安市延长县
61		延一井旧址	延安市延长县城西门桥小学
62		凉水岸河防战斗遗址	延长县雷赤镇凉水岸村
63		石堡寨	延安市宜川县云岩镇阁楼社区柴村
64		下北赤塔	延安市宜川县云岩镇下北赤村
65		圪背岭宜瓦战役指挥所旧址	延安市宜川县英旺乡圪背岭村
66		中山堡址	延安市宜川县英旺乡
67	文物保护单位	二战区长官部旧址	延安市宜川县秋林镇、壶口镇
68		宜川第二战区抗战旧址群	延安市宜川县壶口镇
69		寿峰寺	延安市宜川县
70		龙王辿遗址	延安市宜川县壶口镇
71		宜川城墙遗址	延安市宜川县丹州街道办
72		宜瓦战役宜川遗址	延安市宜川县丹州街道办铁龙湾村—白家庄村
73		玉皇后土庙	韩城市北龙门镇西原村
74		马庄华严寺	韩城市龙门镇马庄村
75		法王庙	韩城市西庄镇
76		党家村古建筑群	韩城市西庄镇
77		弥陀寺	韩城市
78		永丰昌（酱园）旧址	韩城市
79		嵬东司马氏族建筑群	韩城市
80		韩城郭家民居	韩城市
81		王村九郎庙	韩城市
82		韩城普照寺	韩城市昝村镇吴村
83		柳枝关帝庙	韩城市

续表

序号	类型	名称	位置
84		吉灿升故居	韩城市
85		韩城九郎庙	韩城市
86		庙后二郎庙	韩城市
87		韩城图书楼	韩城市金城办书院街原科技局大院
88		梁带村遗址	韩城市昝村镇
89		梁带村禹王庙正殿	韩城市昝村镇梁带村
90		韩城城隍庙	韩城市金城区东北隅
91		韩城苏家民居	韩城市
92		韩城县衙大堂	韩城市金城区书院街
93		紫云观三清殿	韩城市金城区象山中学
94		韩城文庙	韩城市老城东学巷
95	文物保护单位	赳赳寨塔	韩城市古城金城大街
96		西彭悟真观	韩城市
97		毓秀桥	韩城市古城区
98		东营庙	韩城市古城区
99		北营庙	韩城市古城区
100		关帝庙正殿	韩城市
101		龙门书院	韩城市
102		韩城高家祠堂	韩城市
103		庆善寺大佛殿	韩城市古城区
104		扶荔宫遗址	韩城市
105		韩城大禹庙	韩城市苏东乡周原村北
106		王峰寨古建筑群	韩城市
107		韩城古街房10号	韩城市
108		韩城解家民居	韩城市
109		郭庄府君庙	韩城市
110		郭庄寨三圣庙	韩城市
111		井溢古建筑群	韩城市
112		南潘庄三义庙献殿	韩城市

续表

序号	类型	名称	位置
113		三义墓	韩城市巍东乡堡安村
114		司马迁墓和祠	韩城市芝川镇
115		八路军东渡黄河出师抗日纪念地	韩城市芝川镇
116		上干谷圣寿寺	韩城市
117		史带禹王庙献殿	韩城市
118		下干谷玉皇庙献殿	韩城市
119		丁家五合祠	韩城市
120		周原张氏民居群	韩城市
121		堡安古建筑群	韩城市
122		北伍中奎星塔	渭南市合阳县甘井镇北伍中村
123		邓家寨寨址	渭南市合阳县金裕镇邓家寨村
124	文物保护单位	百良寿圣寺塔	渭南市合阳县
125		莘村马家祖祠	渭南市合阳县百良镇莘村
126		南龙亭乔氏家庙	渭南市合阳县同家庄镇南龙亭村
127		南长益药王庙	渭南市合阳县同家庄南长益村
128		合阳千金塔	渭南市合阳县
129		蒙汉合文碑	渭南市合阳县
130		合阳文庙	渭南市合阳县
131		罗山寺塔	渭南市合阳县
132		灵井遗址	渭南市合阳县坊镇灵井村
133		灵泉村古建筑群	渭南市合阳县坊镇灵泉村
134		玄武庙青石殿	渭南市合阳县王村镇
135		福山寺	渭南市合阳县坊镇
136		坊镇王氏民居	渭南市合阳县坊镇南街村
137		张大有故居	渭南市合阳县城关街道办西街庙后巷2号
138		大象寺塔	渭南市合阳县城东南杨家洼村
139		东吴戏楼	渭南市合阳县路井镇东吴村
140		高原寨堡址	渭南市合阳县路井镇高原寨村

续表

序号	类型	名称	位置
141		东白池九郎庙	渭南市大荔县高明镇东白池村
142		东高明堡址	渭南市合阳县高明镇东高明村
143		东高城戏楼	渭南市大荔县两宜镇东高城村小学内
144		北贝马哲民民居	渭南市大荔县两宜镇北贝村
145		井庄戏楼	渭南市荔县范家镇井庄村
146		荔北战役纪念园	渭南市大荔县
147		甜水沟遗址	渭南市大荔县段家乡解放村
148		"大荔人"遗址	渭南市大荔县段家乡解放村甜水沟东
149		三义庙	渭南市大荔县
150		太白庙	渭南市大荔县
151		梁家遗址	渭南市大荔县埝桥镇阿河村
152	文物保护单位	东高垣城堡	渭南市大荔县段家乡东高塬村
153		丰图义仓	渭南市大荔县朝邑镇
154		岱祠岑楼	渭南市大荔县朝邑镇
155		金龙寺塔	渭南市大荔县朝邑镇
156		大荔河防碉堡群	渭南市大荔县朝邑镇紫阳村、朝邑农垦三团、安仁镇小坡村、安昌村
157		紫冯遗址	渭南市大荔县梁家村
158		李氏家族墓地	渭南市大荔县羌白镇
159		文殊新塔	渭南市大荔县
160		大荔洛渭漕渠遗址	渭南市大荔县羌白镇焦家村、太羊村
161		牛北遗址	渭南市大荔县范家镇南乌牛村
162		潼关汉城遗址	渭南市潼关县秦东镇杨家庄村
163		南寨遗址	渭南市潼关县
164		十二连城烽火台遗址	渭南市潼关县
165		潼关城遗址	渭南市潼关县
166		杨震家族墓地	渭南市潼关县
167		潼关城遗址	渭南市潼关县
168		泗州城遗址	渭南市潼关县太要镇南巡村

续表

序号	类型	名　称	位　置
1		府谷县木瓜园堡	榆林市府谷县木瓜镇木瓜园堡景区
2		府谷县神龙山景区	榆林市府谷县城西
3		府谷县沙梁古镇	榆林市府谷县庙沟门镇沙梁古村
4		府谷县高寒岭人文森林公园	榆林市府谷县田家寨镇兴旺庄村
5		红碱淖旅游景区	榆林市神木市尔林兔镇贾家梁村
6		神木市杨业公园	榆林市神木市滨河新区街道办事处
7		神木市陕北民俗文化大观园	榆林市神木市解家堡乡木瓜梁村
8		神木市二郎山景区	榆林市神木市城西1千米处
9		神木市高家堡古城	榆林市神木市高家堡镇
10		神木市碧麟湾景区	榆林市神木市迎宾路街道办解家堡村
11		佳县大美石窑景区	榆林市佳县上高寨乡王家山村
12		佳县神泉堡革命纪念馆	榆林市佳县佳芦镇神泉村
13	风景名胜区	佳县白云山景区	榆林市佳县峪口乡任家畔村
14		佳县赤牛坬民俗文化村	榆林市佳县坑镇赤牛坬村
15		吴堡县黄河二碛	榆林市吴堡县岔上镇丁家畔村
16		绥德县上河源景区	榆林市绥德县枣林坪镇上河源
17		绥德县郭家沟影视基地景区	榆林市绥德县满堂川镇郭家沟村
18		绥德县创新现代农业园区	榆林市绥德县名州镇裴家峁村
19		绥德县文化广场	榆林市绥德县名州镇西山路
20		绥德县疏属山景区	榆林市绥德县名州镇疏属山前沿山顶
21		绥德县郝家桥景区	榆林市绥德县张家砭镇郝家桥村
22		绥德县绿源休闲生态园	榆林市绥德县崔家湾镇苏家圪凸村
23		清涧县路遥书苑景区	榆林市清涧县石嘴驿镇王家堡村210国道东侧
24		清涧县北国风光景区	榆林市清涧县高杰村镇高家坬塬
25		清涧县太极圣境景区	榆林市清涧县玉家河镇赵家畔村
26		延川永坪会议旧址	延安市延川县永坪红色文化产业园区
27		延川文安驿古镇	延安市延川县文安驿
28		延川路遥故居景区	延安市延川县大禹街道办郭家沟村

续表

序号	类型	名称	位置
29		黄河乾坤湾景区	延安市延川县乾坤湾镇黄河乾坤湾景区
30		黄河壶口瀑布景区	延安市宜川县壶口镇壶口景区
31		宜川县秋林第二战区长官司令部旧址景区	延安市宜川县秋林镇秋林村
32		宜川蟒头山国家森林公园景区	延安市宜川县
33		灞岭休闲山庄	韩城市桑树坪镇王峰程家洞
34		王峰景区	韩城市桑树坪镇王峰村
35		坤元庙生态风景区	韩城市桑树坪镇林源庙后村
36		龙门钢铁景区	韩城市龙门镇龙钢公司
37		法王庙	韩城市西庄镇西庄村108国道东侧
38		韩城市党家村景区	韩城市西庄镇党家村
39		韩城市梁带村芮国遗址博物馆	韩城市西庄镇
40	风景名胜区	普照寺	韩城市昝村镇吴村
41		王村景区	韩城市板桥镇王村
42		韩城市晋公山滑雪场	韩城市板桥镇王村
43		韩城市博物馆	韩城市金城区学巷45号
44		象山森林公园	韩城市金城区
45		韩城庆善寺景区	韩城市金城区金城大街163号
46		韩城隍庙古文化街区	韩城市金城区隍庙古文化街区
47		北营庙景区	韩城市金城区金城大街北段
48		大禹庙景区	韩城市新城区周原村
49		状元府博物馆	韩城市金城大街中段路西
50		司马迁祠景区	韩城市芝川镇司马迁祠景区
51		韩城市神农现代农业园区	韩城市芝川镇城北村神农现代农业园区
52		初心公园景区	渭南市合阳县甘井镇城后村
53		合阳县福山景区	渭南市合阳县坊镇灵泉村
54		洽川景区	渭南市合阳县洽川镇
55		黑池秋千谷	渭南市合阳县黑池镇南社社区
56		大荔县福佑古寨景区	渭南市大荔县范家镇

续表

序号	类型	名　称	位　置
57	风景名胜区	大荔中节能光伏农业生态园景区	渭南市大荔县许庄镇
58		冬枣小镇	渭南市大荔县安仁镇
59		大荔平罗农业公园	渭南市大荔县朝邑镇平罗村
60		丰图义仓	渭南市大荔县朝邑镇大寨子村
61		同州湖	渭南市大荔县城南1千米处
62		大荔畅家田园综合体景区	渭南市大荔县城关街道办畅家村
63		大荔新堡月季文化产业园景区	渭南市大荔县下寨镇
64		大荔县八鱼石墓博物馆	渭南市大荔县八鱼村
65		大荔新茂天地源生态农场	渭南市大荔县官池镇北王村南3千米处
66		杨震廉政博物馆	渭南市潼关县秦东镇四知村
67		潼关黄河古渡口景区	渭南市潼关县港口南街沿北赤路东300米
68		万盛园酱菜博物馆	渭南市潼关县城关镇东环路
69		岳渎·牡丹园景区	渭南市潼关县城关镇庆丰村
70		潼关古城	渭南市潼关县
71		秦王寨马刨泉	渭南市潼关县太要镇窑上村

序号	类型	名　称	位　置
1	传统村落	佳县朱家坬镇泥河沟村	同左
2		佳县佳芦镇张庄村	同左
3		佳县佳芦镇神泉村	同左
4		佳县峪口乡峪口村	同左
5		佳县木头峪乡木头峪村	同左
6		佳县螅镇荷叶坪村	同左
7		佳县螅镇刘家坪村	同左
8		佳县康家港乡沙坪村	同左
9		绥德县四十里铺镇艾家沟村	同左
10		绥德县中角镇中角村	同左
11		绥德县中角镇梁家甲村	同左
12		绥德县满堂川乡常家沟村	同左

续表

序号	类型	名称	位置
13		绥德县满堂川乡郭家沟村	同左
14		绥德县义和镇虎焉村	同左
15		绥德县白家硷乡贺一村	同左
16		清涧县高杰村镇高杰村	同左
17		延川县贾家坪镇田家川村上田家川村	同左
18		延川县贾家坪镇磨义沟村马家湾村	同左
19		延川县永坪镇赵家河村	同左
20		延川县关庄镇甄家湾村	同左
21		延川县关庄镇太相寺村	同左
22		延川县文安驿镇梁家河村	同左
23		延川县乾坤湾镇碾畔村	同左
24	传统村落	延川县乾坤湾镇刘家山村	同左
25		延长县雷赤镇凉水岸村	同左
26		韩城市桑树坪镇王峰村	同左
27		韩城市龙门镇西原村	同左
28		韩城市西庄镇党家村	同左
29		韩城市西庄镇柳枝村	同左
30		韩城市西庄镇郭庄訾村	同左
31		韩城市西庄镇柳村	同左
32		韩城市西庄镇薛村	同左
33		韩城市西庄镇张代村	同左
34		韩城市新城街道周原村	同左
35		韩城市新城办相里堡村	同左
36		韩城市芝阳镇清水村	同左
37		合阳县百良镇东宫城村	同左
38		合阳县同家庄镇南长益村	同左
39		合阳县坊镇灵泉村	同左
40		合阳县新池镇行家庄村	同左

续表

序号	类型	名　称	位　置
41	传统村落	合阳县路井镇杨家坡村	同左
42		合阳县黑池镇南社村	同左
43		合阳县黑池镇黑东村	同左
44		大荔县两宜镇东白池村	同左
45		大荔县段家镇东高垣村	同左
46		大荔县范家镇结草村	同左
47		大荔县朝邑镇大寨村	同左

序号	类型	名　称	位　置
1	历史文化名城	榆林	榆林市
2		延安	延安市
3		韩城	韩城市

序号	类型	名　称	位　置
1	历史文化名镇	陕西省神木市高家堡镇	同左

序号	类型	名　称	位　置
1	历史文化名村	陕西省韩城市西庄镇党家村	同左

第四章　陕西沿黄遗产资源价值评价与空间格局

一、陕西沿黄遗产资源价值构成

陕西沿黄地区是南北多民族文化交融、东西秦晋地域文化交流的重要区域，同时作为黄河农耕与游牧文化交汇区，黄河陕西段具有地理位置优越、生态景观独特和文化资源丰富等典型特征。[71] 由于历史文化、地域环境、社会经济等因素影响，陕西沿黄地区遗产资源形成了独特的艺术魅力、艺术价值以及极具特色的地域文化和风俗习惯。

(一) 历史价值

文化遗产具有特定历史条件及时代特征，借助文化遗产，我们可以了解过去不同历史时期的社会发展水平、生活方式、道德习俗等。陕西沿黄地区历史最早可追溯至夏商周时期，因战争形成边关重镇，人们在此繁衍生息，形成数量丰富、类型多样的文化遗产，承载重要的历史价值，为了解当时的社会及群体状况提供了基础条件。

(二) 文化价值

文化遗产是各民族、种群的智慧结晶，是文化的浓缩，对认识不同类型文化具有重要的参考价值。受思想观念、生活方式和地域环境的影响，陕西沿黄地区有大量风貌独特、遗存完整的传统村落和古建筑群，遗产资源呈现文化底蕴深厚、人文特色鲜明的特征。

(三) 科学价值

文化遗产具有重要的科学价值，是不同历史时期社会生产和科学技术发展历程的最好体现，为后人获取科学发展的相关资料、科学方法等提供保障。陕西沿黄地区是中华文明的重要发源地之一，现存史前遗址对拓展考古学科视野和推进"中华文明探源工程"具有重要意义。以石峁遗址、寨峁遗址、石摞摞山遗址、辛庄遗址、龙王辿遗址等为代表的石器时期文化类型，为探究中华文明起源形成和发展过程，提供了众多的考古依据和研究方向。

(四) 艺术价值

文化遗产具有重要的审美艺术价值。物质文化遗产和非物质文化遗产均蕴涵着不同层次的艺术审美价值，不但给人带来审美、欣赏和愉悦的精神享受，而且在这一审美过程中也陶冶了人们的情操，丰富了人们的精神生活。研究区域内保存至今的古建筑十分丰富，是天然的古建筑博物馆，尤其是韩城市区域，元、明、清古建筑遍布城乡，保存数量为"陕西之最"。如以韩城普照寺、大禹庙等为代表的元代建筑，以及以韩城古城和党家村等为代表的明清四合院民居建筑形式多样，建筑工艺精巧，建筑风格独具地方特色，具有重要的审美价值和建筑艺术价值。

(五) 精神价值

文化遗产是一个国家民族文化传统和民族精神的外在形式，其蕴涵着民族的文化基因及精神产品，是维系民族血脉的重要元素，塑造了民族形象，延续了民族基本一致的社会行为和生活态度。陕西黄河沿线的文化遗产是周边村民长期以来形成的共同心理结构、意识形态、生活习俗等特点的体现，彰显着地区的智慧、思想和民族精神，是地方文脉的重要内容，是地方历史的记忆，有助于彰显"地方身份"，形成"地方认同"，共建地方意识形态，对形成沿线区域人民强大的凝聚力有激励作用。

(六) 时代价值

文化遗产具有重要的时代价值。每一处文化遗产都有其时代特征，都是在具体的时代背景下被人类创造出来的，体现了这个民族或种群的生活方式、社会结构和精神追求，都是人类智慧的结晶。所以，任何文化遗产存在的必要性、创造性及其传承与淘汰，都有鲜明的时代烙印。陕西沿黄地区是近现代中国重要的革命根据地，是中国新民主主义革命及共产主义事业发展的重要见证，具有重要的历史和现实价值。如八路军东渡黄河出师抗日纪念地、太相寺会议旧址、永坪革命旧址、神泉堡中共中央驻地旧址等革命老区及革命遗迹是中华民族精神的重要代表，在当前弘扬延安精神的主旋律下具有重要的教育意义，在实现"中国梦"和中华民族伟大复兴中具有重要的时代价值。

二、陕西沿黄遗产资源价值评价

（一）评价对象与方法

1. 评价对象

评价对象为陕西沿黄地区遗产资源，具体为陕西沿黄地区5市11县范围内的历史文化名城、历史文化名镇、历史文化名村、传统村落、文物保护单位和高等级旅游景区。

2. 评价方法

采用德尔菲法结合层次分析法对陕西沿黄遗产资源价值进行评价。首先运用层次分析法建立了陕西沿黄遗产资源评价体系，然后利用德尔菲法对已构建的评价体系中的"子项目层"和"因子层"进行指标筛选，最后将德尔菲法与层次分析法结合确定指标权重。最终评价得出沿黄遗产资源的3个不同资源级别，为遗产廊道空间整合提供依据。

（二）遗产资源价值评价体系的构建

1. 遗产廊道资源评价指标框架初建

（1）指标选取思路

关于遗产资源的评价指标因子体系目前并没有一个统一的意见，针对不同发达程度的国家和不同类型的遗产资源，所涉及的评价因子都会有所不同。本研究结合遗产廊道的定义、原则以及对论文查询中经典评价模型进行的借鉴，通过多次分析、专家咨询及打分筛选，得到最终黄河遗产廊道指标体系模型。（图4-1）

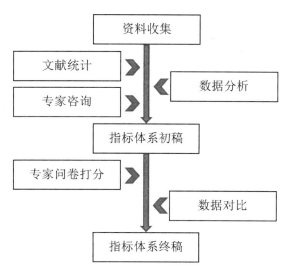

图 4-1 遗产资源价值评价指标选取思路示意图

(2) 指标框架建立

在遗产资源体系构建和指标选择的发展过程中,许多学者从不同层面进行了探索,积累了丰富经验。[72][73][74]在构建的过程中,必须坚持以科学性、普适性、层次性、综合性、可比性、量化性相结合的原则选取指标因子,但在实践过程中,由于侧重点不同,学者们往往选取不同的指标因子与评价维度。因此,指标因子的选取和遗产评价体系的构建应基于遗产资源的价值特征,因地制宜,合理地选择评价手段。

研究在充分调研和资料统计的基础上,应用层次分析法,构建遗产廊道资源综合评价指标体系框架,指标层共 4 层,分别是目标层、项目层、子项目层和因子层。具体如下(表 4-1):

表 4-1 沿黄遗产资源指标体系初稿表

目标层 A	项目层 B	子项目层 C	因子层 D	
遗产资源评价指标 A	遗产资源价值 B1	历史价值 C1	知名度	D1
			参与度	D2
			久远度	D3
			文物丰富度	D4

续表

目标层 A	项目层 B	子项目层 C	因子层 D	
遗产资源评价指标 A	遗产资源价值 B1	文化价值 C2	文化特色性	D5
			文化认同性	D6
		科学价值 C3	科普性	D7
			科研价值	D8
		艺术价值 C4	美学价值	D9
			稀奇度	D10
			典型性	D11
			多样性	D12
			地域风格	D13
		精神价值 C5	民俗价值	D14
			宗教信仰	D15
		时代价值 C6	教育价值	D16
			经济价值	D17
	遗产资源保护与开发 B2	保护现状 C7	真实性	D18
			文物保存质量	D19
			规模完整度	D20
		开发建设条件 C8	可进入性	D21
			交通指数	D22
			环境容量	D23
			基础设施	D24
			经济水平	D25

（三）遗产廊道资源价值评价指标筛选与确定

1. 指标筛选方法

对遗产廊道资源指标体系进行筛选，使最终选取的资源指标满足体系构建的原则与目标，能适用于各遗产廊道区的评估建设。在经过比对筛选后应用德尔菲法，通过问卷调研的方式，对业内专家、研究学者、旅游规划管理者等征询意见。

为了提高筛选结果的真实及科学性，对每个资源指标按"重要、较重要、一般、不太重要、不重要"5个等级进行划分,并行对应赋予9、7、5、3、1分值。被访者根据个人意见对不同的资源指标进行打分,最终根据资源指标各项的平均数及变异系数来进行比对筛选。以平均数表示专家们对指标的"意见集中度",变异系数表示专家们对指标的"意见差异度"。

假设 X_{ij} 代表第 i 个专家对第 j 个指标的打分。现在共 n 个专家,m 个指标。

j 指标算数平均数公式:$M_j = \dfrac{1}{n} \sum_{i=1}^{n} X_{ij}$

j 指标的标准差公式:$S_j = \sqrt{\dfrac{1}{n} \sum_{i=1}^{n} (X_{ij} - M_{ij})^2}$

变异系数的计算公式:$CV_j = \dfrac{S_j}{M_j}$

CV_j——专家们对 j 指标的"意见差异度"

M_j——专家们对 j 指标的"意见集中度"

运用界值法筛选指标。根据每项指标的得分所计算出的平均值和变异系数,由这两个判断尺度的界值来筛选指标。其中,平均值的界值 = 平均值 - 标准差;变异系数的界值 = 平均值 + 标准差。用小于平均值的界值,同时高于变异系数的界值的指标去除,保留余下指标,构成最终遗产廊道资源指标体系。

2. 指标筛选流程

陕西沿黄地区遗产资源指标筛选问卷指标数据汇总如下(表4-2):

表4-2 沿黄遗产资源指标专家意见度汇总表

因子层 D		意见集中度 A_j	意见差异度 CV_j
知名度	D1	8.043	0.162
参与度	D2	7.522	0.196
久远度	D3	8.043	0.178
文物丰富度	D4	7.783	0.197
文化特色性	D5	8.217	0.139
文化认同性	D6	7.696	0.181

续表

因子层 D		意见集中度 A_j	意见差异度 CV_j
科普性	D7	7.174	0.216
科研价值	D8	7.087	0.212
美学价值	D9	7.348	0.222
稀奇度	D10	7.174	0.245
典型性	D11	7.435	0.194
多样性	D12	7.261	0.234
地域风格	D13	7.783	0.147
民俗价值	D14	7	0.253
宗教信仰	D15	6.364	0.305
教育价值	D16	6.826	0.298
经济价值	D17	6.478	0.355
真实性	D18	7.545	0.214
文物保存质量	D19	7.609	0.197
规模完整度	D20	6.913	0.276
可进入性	D21	7.261	0.220
交通指数	D22	7.174	0.216
环境容量	D23	6.739	0.267
基础设施	D24	7	0.253
经济水平	D25	6.391	0.363

根据资源指标选取思路，对小于平均值的界值 6.780 和高于变异系数的界值 0.286 的指标 D15、D17、D25 进行删除。

3. 指标最终确定

在构建遗产资源评价指标体系理想框架的 25 个指标因子基础上，通过专家打分筛选，最终确定了一个由 22 个因子层组成的沿黄遗产廊道资源评价指标体系。具体如下（表 4-3）：

表 4-3　沿黄遗产廊道资源评价指标体系表

评价目标层 A	项目层 B	子项目层 C	因子层 D	
遗产资源评价指标 A	遗产资源价值 B1	历史价值 C1	知名度	D1
			参与度	D2
			久远度	D3
			文物丰富度	D4
		文化价值 C2	文化特色性	D5
			文化认同性	D6
		科学价值 C3	科普性	D7
			科研价值	D8
		艺术价值 C4	美学价值	D9
			稀奇度	D10
			典型性	D11
			多样性	D12
			地域风格	D13
		精神价值 C5	民俗价值	D14
		时代价值 C6	教育价值	D15
	遗产资源保护与开发 B2	保护现状 C7	真实性	D16
			文物保存质量	D17
			规模完整度	D18
		开发建设条件 C8	可进入性	D19
			交通指数	D20
			环境容量	D21
			基础设施	D22

注：指标的具体说明：

①知名度 D1：知名地域范围。

②参与度 D2：体验程度。

③久远度 D3：年代历史。

④文物丰富度 D4：资源集体景点数量。

⑤文化特色性 D5：反映民族文化的独特品质。

⑥文化认同性 D6：对民族文化的认同度。

⑦科普性 D7：对大众的科普程度。

⑧科研价值 D8：对科学研究的贡献价值。

⑨美学价值 D9：美感度程度。

⑩稀奇度 D10：稀有程度。

⑪典型性 D11：代表性程度。

⑫多样性 D12：展示方式类型。

⑬地域风格 D13：区域独具特色的"核心资源"。

⑭民俗价值 D14：民间习俗活动。

⑮教育价值 D15：对学生或大众教育的引领启发程度。

⑯真实性 D16：真实性程度。

⑰文物保存质量 D17：文物质量等级。

⑱规模完整度 D18：规模及保存完整度。

⑲可进入性 D19：连通程度、交通条件。

⑳交通指数 D20：与中心城市距离。

㉑环境容量 D21：旅游环境容量。

㉒基础设施 D22：已有设施的完整度。

（四）指标因子权重的确定

每项评估指标在评价体系里的重要性由权重的高度直接反映，因此每个指标因子赋值的精准度十分重要。本研究中指标权重的确定主要采用德尔菲法和层次分析法相结合。

德尔菲法能客观地综合多数专家经验和主观判断的技巧，能对大量非技术性的无法定量分析的因素做出概率估算。层次分析法通过对系统的多个因素分析，划出各因素间相互联系的有序层次，上一层次的元素对相邻的下一层次全部或部分元素起支配作用，从而形成一个由整体到局部、由上而下逐层细分的树状关系系统。

1. 构造判断矩阵

根据综合评价指标体系，通过问卷评分的方式（对参与指标筛选的 25 位专家发放问卷征询指标重要性，收回有效问卷 21 份），将指标与上一层次的指标进行两两比较，构造两两比较判断矩阵。如下表（表 4-4）：

表4-4 判断矩阵表

X	Y_1	Y_2	…	Y_n
Y_1	Y_{11}	Y_{12}		Y_{1n}
Y_2	Y_{21}	Y_{22}		Y_{2n}
…				…
Y_n	Y_{n1}	Y_{n2}	…	Y_{nn}

首先，假设判断矩阵中目标层 X 与下一层次中元素 Y_1，Y_2，…，Y_n 有关系，然后构建 X 层对 Y 层的对比矩阵。矩阵中的 Y_{ij} 表示对目标 X 而言，因子 i 相对于因子 j 的重要性数值，根据1—9判断矩阵（表4-5）标度确定 Y_{ij} 的数值，且要满足当 $i=j$ 时，$Y_{ij}=1$，当 $i\neq j$ 时，$Y_{ij}=1/Y_{ji}$。

表4-5 判断矩阵标度及其具体含义对照表

序号	重要性等级	a_{ij}赋值
1	ij两个元素同等重要	1
2	i元素比j元素稍重要	3
3	i元素比j元素明显重要	5
4	i元素比j元素强烈重要	7
5	i元素比j元素极端重要	9
6	i元素比j元素稍不重要	1/3
7	i元素比j元素明显不重要	1/5
8	i元素比j元素强烈不重要	1/7
9	i元素比j元素极端不重要	1/9

注：a_{ij} = (2, 4, 6, 8, 1/2, 1/4, 1/6, 1/8) 表示重要性介于 a_{ij} = (1, 3, 5, 7, 9, 1, 3/, 1/5, 1/7, 1/9)。

2. 层次单排序

采用方根法进行权重的计算，具体步骤为：

①将判断矩阵每一行元素各自相乘得到一个新向量 A_i。

$$A_i = \prod_{j=1}^{n} b_{ij}, \quad (i, j = 1, 2, \cdots, n)$$

②计算新向量 A_i 的 n 次方根 M_i。

$$M_i = \sqrt[n]{A_i}，（n 为判断矩阵的阶数）$$

③对向量 $M_i = [M_1，M_2，M_3，\cdots，M_n]^T$ 正规化，即

$$W_i = M_i / \sum_{i=1}^{n} M_i$$

则，$W = [W_1，W_2，W_3，\cdots，W_n]^T$。即为所求的特殊向量。

④计算判断矩阵的最大特征根 λ_{max}。

$$\lambda_{max} = \sum_{i=1}^{n} \frac{(AW)_i}{nW_i}$$

公式中 $(AW)_i$ 表示向量 AW 的第 i 个元素。

3. 判断矩阵一致性检验

首先，确定单层次因子权重。采用1—9标度法确定每个指标标度，构造判断矩阵（表4-6），并通过运用计算机软件，求解矩阵的最大特征根和对应的特征向量，进行归一化处理。为了避免矩阵偏离一致性，则需要进行一致性检验。[75]

表4-6 判断矩阵对照表

B_{ij}	B1				B2	
遗产资源价值 B1	—				3	
遗产资源保护与开发 B2	1/3				—	
C_{ij}	C1	C2	C3	C4	C5	C6
历史价值 C1	—	2	3	3	3	3
文化价值 C2	1/2	—	3	3	2	3
科学价值 C3	1/3	1/3	—	2	3	3
艺术价值 C4	1/3	1/3	1/2	—	2	3
精神价值 C5	1/3	1/2	1/3	1/2	—	3
时代价值 C6	1/3	1/3	1/3	1/3	1/3	—
C_{ij}	C7				C8	
遗产资源价值 C7	—				1	
遗产资源保护与开发 C8	1				—	

续表

D_{ij}	D1	D2	D3	D4
知名度 D1	—	2	3	2
参与度 D2	1/2	—	3	3
久远度 D3	1/3	1/3	—	2
文物丰富度 D4	1/2	1/3	1/2	—

D_{ij}	D5	D6
文化特色性 D5	—	3
文化认同性 D6	1/3	—

D_{ij}	D7	D8
科普性 D7	—	2
科研价值 D8	1/2	—

D_{ij}	D9	D10	D11	D12	D13
美学价值 D9	—	3	3	2	2
稀奇度 D10	1/3	—	2	3	2
典型性 D11	1/3	1/2	—	2	2
多样性 D12	1/2	1/3	1/2	—	2
地域风格 D13	1/2	1/2	1/2	1/2	—

D_{ij}	D16	D17	D18
真实性 D16	—	2	3
文物保存质量 D17	1/2	—	3
规模完整度 D18	1/3	1/3	—

D_{ij}	D19	D20	D21	D22
可进入性 D19	—	2	4	3
交通指数 D20	1/2	—	3	2
环境容量 D21	1/4	1/3	—	2
基础设施 D22	1/3	1/2	1/2	—

一致性检验的计算步骤如下：

$$CI = \frac{\lambda_{max} - n}{n - 1}$$

判断矩阵一致性程度越高,则 CI 值越小。若 CI = 0,则表示该判断矩阵具有完全一致性,即检验结束。若 CI≠0,则需要进行下一步骤。

然后,计算随机一致性比率。在构建判断矩阵时,不难发现,随着判断矩阵阶数的增多,所建立的判断矩阵越难趋于完全一致。为了度量不同阶数是否具有满意的一致性,还需计算判断矩阵的平均随机一致性指标 RI 值。

$$CR = \frac{CI}{RI} = 0.000 < 0.10$$

层次分析法要求判断矩阵具有大致的一致性,使计算结果基本合理。一般来说,当随机一致性比率 CR = CI/RI < 0.1 时,认为判断矩阵一致性是可以接受的,否则应对判断矩阵做适当修正。随机一致性指标 RI 取值如表 4-7 所示。

表 4-7 RI 取值表

阶数 (n)	1	2	3	4	5	6	7	8	9	10
RI	0.00	0.00	0.58	0.90	1.12	1.24	1.32	1.41	1.45	1.49

4. 合成系数确定权重

合成系数确定权重就是进行层次总排序,即利用同一层次中全部层次单排序的结果,计算相对于上一层的本层全部指标重要性的权重值。假设第 $k-1$ 层的 m 个因子相对于总目标层的权重为 W_i^{k-1},而第 k 层的 n 个因子对 $k-1$ 层因子的权重为 q^k,则第 k 层因子相对于总目标的总排序为 W_i^k,可求得各指标权重值,并且满足 $\sum_{i=1}^{n} W_i^k = 1$。为了层次总排序结果的一致性,仍需要进行一致性检验。

$$W_i^k = \sum_{j=1}^{m} q_{ij}^k W_i^{k-1} (i = 1,2,\cdots,n)$$

按照上述流程,依次计算各层指标权重,并进行一致性检验,最终借助层次分析法软件进行数据处理,所得指标权重如表 4-8 所示。

表4-8 沿黄遗产资源指标体系权重表

项目层 B	权重（%）	子项目层 C	权重（%）	因子层 D		权重（%）
遗产资源价值 B1	0.7500	历史价值 C1	0.2403	知名度	D1	0.0975
				参与度	D2	0.0758
				久远度	D3	0.0371
				文物丰富度	D4	0.0298
		文化价值 C2	0.1794	文化特色性	D5	0.1345
				文化认同性	D6	0.0448
		科学价值 C3	0.1212	科普性	D7	0.0808
				科研价值	D8	0.0404
		艺术价值 C4	0.0898	美学价值	D9	0.0328
				稀奇度	D10	0.0211
				典型性	D11	0.0147
				多样性	D12	0.0119
				地域风格	D13	0.0094
		精神价值 C5	0.0745	民俗价值	D14	0.0745
		时代价值 C6	0.0448	教育价值	D15	0.0448
遗产资源保护与开发 B2	0.2500	保护现状 C7	0.2083	真实性	D16	0.1093
				文物保存质量	D17	0.0695
				规模完整度	D18	0.0295
		开发建设条件 C8	0.0417	可进入性	D19	0.0192
				交通指数	D20	0.0115
				环境容量	D21	0.0060
				基础设施	D22	0.0049

（五）指标量化赋值及等级划分

1. 指标因子量化赋值

为便于实际操作，将指标因子量化赋值。其中指标因子的数值以100分为总分，分5个级别（100~80、80~60、60~40、40~20、20~0），各个指标评价标准详见表4－9。

表4－9 黄河陕西沿黄地区遗产资源价值指标的评价标准

指标因子	指标评价方法	指标评价标准				
		100~80	80~60	60~40	40~20	20~0
知名度 D1	知名地域范围	国际	国内	省内	市内	县内
参与度 D2	体验程度	高	较高	一般	较低	低
久远度 D3	年代历史	唐以前	唐宋元	明清年代	民初	现代
文物丰富度 D4	资源集体景点数量	≥10	7~9	5~7	3~5	≤3
文化特色性 D5	反映民族文化的独特品质	很独特	独特	一般	较差	差
文化认同性 D6	对民族文化的认同度	高	较高	一般	较低	低
科普性 D7	对大众的科普程度	高	较高	一般	较低	低
科研价值 D8	对科学研究的贡献价值	高	较高	一般	较低	低
美学价值 D9	美感度程度	高	较高	一般	较低	低
稀奇度 D10	稀有程度	非常罕见	罕见	一般	比较少见	少见
典型性 D11	代表性程度	高	较高	一般	较低	低
多样性 D12	展示方式类型	多	较多	一般	较少	少
民俗价值 D13	民间习俗活动	丰富	较丰富	一般	较差	差
宗教信仰 D14	崇拜认同度	高	较高	一般	较低	低
教育价值 D15	对学生或大众教育的引领启发程度	高	较高	一般	较低	低
真实性 D16	真实性程度	80%	70%~80%	60%~70%	50%~60%	<50%
文物保存质量 D17	文物质量等级	国家级	省级	市级	县级	
规模完整度 D18	规模及保存完整度	高	较高	一般	较低	低
可进入性 D19	连通程度、交通条件	很好	好	一般	差	较差
交通指数 D20	与中心城市距离	10km	20km	30km	40km	50km
环境容量 D21	旅游环境容量	极大	大	一般	较小	较小
基础设施 D22	已有设施的完整度	完善	较完善	一般	较缺乏	缺乏

2. 建立综合评价模型

陕西沿黄地区遗产资源价值评分采用菲什拜因—罗森伯格数学模型，计算公式为：

$$E = \sum_{i=1}^{n} Q_i P_i$$

式中 E 为黄河陕西沿黄地区遗产资源综合评价值；Q_i 为第 i 个指标因子权重值；P_i 为第 i 个指标因子的评价分值；n 为指标因子的数目值。

3. 遗产价值等级划分

根据黄河陕西沿黄地区遗产资源评价体系、指标评价方法和指标评价标准，结合陕西省文化遗产资源普查结果和专家意见，对遗产资源点的多项指标因子进行相关计算，得到的总分直接反映黄河陕西沿黄地区遗产资源的价值，得分越高，则反映遗产价值越高，反之越低。为了更直观地表现各类遗产价值的评价结果，根据得分情况，可将遗产价值分为三个等级：

一级：80 分≤总分＜100 分，此类遗产资源利用价值最高，适合优先开发。

二级：60 分≤总分＜80 分，此类遗产资源利用价值较高，适合重点开发。

三级：总分＜60 分，此类遗产资源利用价值一般，可根据需要进行局部开发。

（六）遗产资源等级及特征

1. 评价结果

通过评价结果得出一级遗产资源点有韩城市西庄镇党家村、府州城、绥德县白家硷乡贺一村等30个（表4-10），这些遗产资源点的观赏性、带动性、交通通达性、配套完善程度均较高，拥有知名的特色文化价值载体，公众认知度高，参与度强，是重点展示的文化遗产资源；二级遗产资源点有白云山庙、大荔县八鱼石墓博物馆、韩城文庙等129个（表4-11），分级依据主要是这些资源点对公众的科普程度较低及存在展示方式类型同质化、开发利用落后、品牌效应不强等不足，观赏性、配套完善程度一般，展示开发潜力较大；三级遗产资源点有蒙汉合文碑、李有源故居、柳青故居等124个（表4-12），主要原因是由于这些遗产点年代久远，破坏程度较大，使得遗迹、遗址保存完整度较低，即出现一些遗产"只闻其名，未见其迹"的局面，展示内容少，配套服务设施不完善。

表4-10 一级遗产资源点

序号	类型	遗产资源评价得分	遗产资源保护与开发得分	综合价值得分
1	延安	64.9756	21.9169	86.902
2	韩城市西庄镇党家村（韩城市党家村景区、陕西省韩城市西庄镇党家村）	63.761	20.7259	84.4949
3	党家村古建筑群	63.6332	20.7112	84.3524
4	府州城	61.5046	22.7606	84.2739
5	绥德县白家硷乡贺一村	63.6522	20.2502	83.9109
6	韩城	62.7096	21.0149	83.7325
7	榆林	61.3433	21.7992	83.1509
8	清涧县高杰村镇高杰村	61.4429	20.5592	82.0116
9	司马迁墓和祠	61.1696	20.6667	81.8363
10	延川文安驿古镇	59.6445	22.0452	81.6982
11	佳县朱家坬镇泥河沟村	61.2483	20.387	81.6433
12	司马迁祠景区	61.179	20.4497	81.6287
13	绥德县满堂川乡常家沟村	61.0563	20.5427	81.6081
14	陕西省神木市高家堡镇	60.8808	20.6033	81.493
15	韩城市梁带村芮国遗址博物馆	59.4286	22.0452	81.4823
16	潼关故城（潼关古城）	60.9576	20.5192	81.4768
17	延川县文安驿镇梁家河村	60.8067	20.6033	81.4189
18	麟州故城	59.4519	21.9433	81.3952
19	文安驿城址	61.4778	19.8847	81.3625
20	东营庙	58.9057	22.0355	80.9412
21	小程民俗文化村	60.3894	20.549	80.9384
22	化云寺石窟	60.8404	20.0208	80.8701
23	绥德县满堂川乡郭家沟村	60.3062	20.5165	80.8317
24	绥德县四十里铺镇艾家沟村	60.1536	20.6033	80.7658
25	吴堡石城	60.1536	20.5073	80.6698
26	佳县木头峪乡木头峪村	60.018	20.6033	80.6302

续表

序号	类型	遗产资源评价得分	遗产资源保护与开发得分	综合价值得分
27	丰图义仓	58.5189	22.06	80.5789
28	云岩寺	61.436	19.0228	80.4673
29	会峰寨寨址	60.3322	19.8011	80.1333
30	韩城市芝阳镇清水村	60.034	19.9475	79.9898

表4-11 二级遗产资源点

序号	类型	遗产资源评价得分	遗产资源保护与开发得分	综合价值得分
1	白云山庙	56.9813	22.5536	79.5349
2	大荔县八鱼石墓博物馆	57.83	21.0547	78.8847
3	韩城文庙	56.9689	21.1461	78.115
4	佳县佳芦镇神泉村	58.3772	19.0726	77.4498
5	七里村石窟	56.7362	20.1633	76.8995
6	韩城市博物馆	54.4406	22.1365	76.5771
7	毓秀桥	56.3657	20.1804	76.5461
8	韩城市新城办相里堡村	56.6457	19.4711	76.1168
9	庆善寺大佛殿	55.9206	20.049	75.9696
10	佳县峪口乡峪口村	53.8757	21.189	75.0647
11	凯歌楼	57.4648	17.5084	74.9808
12	嵬东司马氏族建筑群	55.1568	19.7035	74.8603
13	王峰寨古建筑群	53.876	20.5633	74.4393
14	泗州城遗址	53.5972	20.7939	74.3911
15	周原张氏民居群	53.7647	20.5249	74.2896
16	高原寨堡址	53.5972	20.525	74.1222
17	佳县康家港乡沙坪村	55.1961	18.7282	73.9243
18	佛堂寺石窟	56.1019	17.7263	73.8282
19	堡安古建筑群	53.2807	20.427	73.7077
20	香炉寺	55.7994	17.7263	73.5341

续表

序号	类型	遗产资源评价得分	遗产资源保护与开发得分	综合价值得分
21	七星庙	57.0376	16.4719	73.5169
22	井溢古建筑群	53.2439	20.1793	73.4232
23	韩城古街房10号	52.9419	20.4332	73.3751
24	哈镇抗日活动旧址	53.0476	20.2938	73.3414
25	韩城普照寺（普照寺）	52.7564	20.5633	73.3197
26	南禅寺	55.3094	17.6783	72.9877
27	寿峰寺	55.1274	17.6591	72.7865
28	合阳县福山景区	52.715	19.9615	72.6765
29	韩城庆善寺景区	53.6985	18.683	72.3815
30	合阳千金塔	54.3753	17.9481	72.3234
31	佳县佳芦镇张庄村	53.3809	18.8125	72.1934
32	韩城大禹庙（大禹庙景区）	52.6409	19.4492	72.0901
33	北营庙	56.2451	15.7292	71.9743
34	宜川县秋林第二战区长官司令部旧址景区	54.6518	17.2251	71.8769
35	北营庙景区	56.2451	15.5732	71.8183
36	石堡寨	51.1682	20.484	71.6522
37	岱祠岑楼	53.7524	17.6425	71.3949
38	高家堡古城（神木市高家堡古城）	53.9096	17.2506	71.1602
39	金龙寺塔	53.4836	17.6425	71.1261
40	杨震廉政博物馆	51.6307	19.1495	70.7802
41	合阳文庙	52.1058	18.6174	70.7232
42	吉灿升故居	53.5284	17.1566	70.685
43	二战区长官部旧址	53.402	17.2251	70.6271
44	佳县白云山景区	51.6307	18.683	70.3137
45	乾坤湾毛泽东旧居	50.7972	19.511	70.3082
46	李氏家族墓地	49.8641	20.4114	70.2755
47	玄武庙青石殿	52.4599	17.7586	70.2185

续表

序号	类型	遗产资源评价得分	遗产资源保护与开发得分	综合价值得分
48	绥德县疏属山景区	53.5473	16.6489	70.1962
49	圪背岭宜瓦战役指挥所旧址	50.8121	19.2924	70.1045
50	宜川第二战区抗战旧址群	51.1708	18.9277	70.0985
51	杨家圪台革命旧址	50.6605	19.2924	69.9529
52	福山寺	52.1175	17.8149	69.9324
53	高家湾八路军医院旧址	51.0768	18.8242	69.901
54	梁家河知青旧址	50.3301	19.2924	69.6225
55	凉水岸河防战斗遗址	49.0436	20.473	69.5166
56	镇羌堡城址	52.0694	17.213	69.2896
57	韩城城隍庙	50.8232	18.452	69.2752
58	荔北战役纪念园	50.3411	18.8528	69.1939
59	韩城九郎庙	50.1387	18.8912	69.0299
60	梁带村遗址	50.4079	18.447	68.8549
61	柳枝关帝庙	50.7687	18.049	68.8177
62	关帝庙正殿	50.7687	18.003	68.7717
63	洽川景区	51.0497	17.6373	68.687
64	马庄华严寺	50.4859	18.003	68.4889
65	延一井旧址	48.1508	19.897	68.0478
66	天台山庙	51.8629	15.9144	67.7773
67	佳县开化寺	50.0354	17.5605	67.5959
68	石窟沟石窟	50.6594	16.7594	67.4188
69	神木白氏民居	49.1549	17.525	66.6799
70	佳县神泉堡革命纪念馆	48.1378	16.2219	64.3597
71	府谷香莲寺	47.2445	16.9705	64.215
72	绥德县郭家沟影视基地景区	47.8147	16.2219	64.0366
73	法王庙	49.6585	14.2797	63.9382
74	宗常山真武庙	47.8114	15.85	63.6614
75	韩城隍庙古文化街区	47.197	16.2219	63.4189

续表

序号	类型	遗产资源评价得分	遗产资源保护与开发得分	综合价值得分
76	宜川城墙遗址	51.1132	12.2149	63.3281
77	潼关黄河古渡口景区	47.1856	16.0744	63.26
78	庙后二郎庙	48.9265	14.2797	63.2062
79	绥德县文化广场	47.0954	16.0607	63.1561
80	神泉堡中共中央驻地旧址	49.4319	13.6931	63.125
81	宜川蟒头山国家森林公园景区	46.5647	16.4175	62.9822
82	绥德党氏庄园	49.2824	13.6931	62.9755
83	状元府博物馆	46.9878	15.8744	62.8622
84	玉皇后土庙	47.0066	15.8514	62.858
85	神木市陕北民俗文化大观园	46.2255	16.5597	62.7852
86	兴隆寺	48.9844	13.6931	62.6775
87	王村九郎庙	48.4378	14.1417	62.5795
84	袁家沟毛泽东旧居	48.017	14.1531	62.1701
89	合龙山祖师庙	48.3821	13.6931	62.0752
90	永坪革命旧址	47.8031	14.2106	62.0137
91	扶苏墓	48.2394	13.6931	61.9325
92	蒙恬墓	48.3444	13.3686	61.713
93	二郎山庙	46.5553	15.0825	61.6378
94	李家崖城址	47.8974	13.6931	61.5905
95	川口村毛泽东东渡黄河旧址	48.0266	13.3856	61.4122
96	石摞摞山遗址	48.9664	12.4079	61.3743
97	大保当城址及墓群	48.5981	12.754	61.3521
98	冯家坪革命旧址	47.7484	13.4926	61.241
99	韩蕲王庙	48.0785	13.1031	61.1816
100	寨峁遗址	47.824	13.3299	61.1539
101	韩城市西庄镇薛村	46.6471	14.4576	61.1047
102	石峁遗址	49.7812	11.2321	61.0133
103	府谷郝氏庄园	49.7812	11.2321	61.0133

续表

序号	类型	遗产资源评价得分	遗产资源保护与开发得分	综合价值得分
104	大荔县段家镇东高垣村	46.8689	13.6931	60.562
105	韩城市西庄镇柳村	46.7969	13.7626	60.5595
106	大荔县范家镇结草村	46.6449	13.8321	60.477
107	神木市二郎山景区	46.7125	13.7626	60.4751
108	合阳县同家庄镇南长益村	46.703	13.7506	60.4536
109	延川县关庄镇太相寺村	46.6966	13.6931	60.3897
110	清涧县路遥书苑景区	46.7191	13.6636	60.3827
111	延川县贾家坪镇磨义沟村马家湾村	46.4946	13.8851	60.3797
112	中山堡址	46.5763	13.7891	60.3654
113	佳县螅镇荷叶坪村	46.5813	13.7506	60.3319
114	韩城市西庄镇柳枝村	46.5531	13.7626	60.3157
115	合阳县百良镇东宫城村	46.5625	13.7506	60.3131
116	延长县雷赤镇凉水岸村	46.5406	13.7531	60.2937
117	延川县关庄镇甄家湾村	46.6001	13.6931	60.2932
118	八路军东渡黄河出师抗日纪念地	46.584	13.6931	60.2771
119	合阳县坊镇灵泉村	46.5531	13.7231	60.2762
120	绥德县中角镇梁家甲村	46.6001	13.6739	60.274
121	大荔县两宜镇东白池村	46.6596	13.5456	60.2052
122	延川县乾坤湾镇碾畔村	46.4789	13.7176	60.1965
123	合阳县黑池镇南社村	46.4511	13.7411	60.1922
124	太相寺会议旧址	46.4946	13.6931	60.1877
125	延川县永坪镇赵家河村	46.5105	13.6546	60.1651
126	绥德县义和镇虎焉村	46.3981	13.7506	60.1487
127	永坪红二十七军后方医院旧址	46.435	13.6931	60.1281
128	大荔县朝邑镇大寨村	46.7191	13.3952	60.1143
129	延川县乾坤湾镇刘家山村	46.3792	13.6701	60.0493

表 4-12 三级遗产资源点

序号	类型	遗产资源评价得分	遗产资源保护与开发得分	综合价值得分
1	蒙汉合文碑	42.5515	17.1415	59.693
2	李有源故居	45.5879	13.7891	59.377
3	柳青故居	45.5879	13.7506	59.3385
4	玉泉寺石窟	45.5879	13.6931	59.281
5	卧龙岗祖师庙古建筑群	45.5879	13.6931	59.281
6	灵泉村古建筑群	45.3675	13.6931	59.0606
7	百良寿圣寺塔	41.0788	15.9845	57.0633
8	大荔县福佑古寨景区	42.9838	13.1572	56.141
9	韩城图书楼	42.4996	12.5749	55.0745
10	紫云观三清殿	41.4111	12.7756	54.1867
11	东白池九郎庙	41.4111	12.7756	54.1867
12	梁带村禹王庙正殿	39.2735	14.5191	53.7926
13	佳县赤牛圪民俗文化村	42.1954	11.2293	53.4247
14	同州湖	40.318	12.4548	52.7728
15	赳赳寨塔	38.1105	14.5191	52.6296
16	北伍中奎星塔	14.5191	52.564	38.0449
17	东高城戏楼	37.1986	15.3052	52.5038
18	下北赤塔	37.9793	14.5191	52.4984
19	东吴戏楼	37.1858	15.3052	52.491
20	罗山寺塔	37.8175	14.5191	52.3366
21	井庄戏楼	36.701	15.3052	52.0062
22	大象寺塔	36.6712	15.3052	51.9764
23	三义庙	37.8175	14.4231	51.9526
24	太白庙	37.8175	14.5766	51.9526
25	绥德县中角镇中角村	40.4894	11.2113	51.7007
26	红碱淖旅游景区	38.6134	13.053	51.6664
27	合阳县新池镇行家庄村	40.4304	11.0135	51.4439
28	绥德县郝家桥景区	36.9512	14.3812	51.3324

续表

序号	类型	遗产资源评价得分	遗产资源保护与开发得分	综合价值得分
29	韩城市桑树坪镇王峰村	40.0711	11.146	51.2171
30	佳县螅镇刘家坪村	40.0554	11.087	51.1424
31	清涧县北国风光景区	36.5157	14.6135	51.1292
32	龙门钢铁景区	36.1432	14.9645	51.1077
33	韩城市龙门镇西原村	40.3408	10.7555	51.0963
34	秦王寨马刨泉	36.7845	14.266	51.0505
35	韩城市西庄镇郭庄砦村	39.8791	11.1705	51.0496
36	合阳县黑池镇黑东村	40.1305	10.88	51.0105
37	延川县贾家坪镇田家川村上田家川村	39.7579	11.2293	50.9872
38	韩城市新城街道周原村	39.7241	11.2293	50.9534
39	合阳县路井镇杨家坡村	39.8784	10.9245	50.8029
40	神木市碧麟湾景区	36.5157	14.2758	50.7915
41	大荔中节能光伏农业生态园景区	36.5251	14.266	50.7911
42	象山森林公园	36.5472	14.236	50.7832
43	大荔新茂天地源生态农场	36.3812	14.3812	50.7624
44	绥德县绿源休闲生态园	36.4664	14.2905	50.7569
45	韩城市神农现代农业园区	36.1432	14.6135	50.7567
46	王村景区	36.1432	14.6135	50.7567
47	大荔新堡月季文化产业园景区	36.4664	14.2415	50.7079
48	韩城市西庄镇张代村	39.852	10.8415	50.6935
49	黑池秋千谷	36.1789	14.4846	50.6635
50	府谷县木瓜园堡	36.3742	14.2807	50.6549
51	坤元庙生态风景区	36.3667	14.2611	50.6278
52	岳渎·牡丹园景区	36.1432	14.458	50.6012
53	韩城市晋公山滑雪场	36.209	14.3812	50.5902
54	府谷县高寒岭人文森林公园	36.1836	14.3738	50.5574
55	万盛园酱菜博物馆	36.1432	14.3885	50.5317
56	王峰景区	36.1432	14.375	50.5182

续表

序号	类　型	遗产资源评价得分	遗产资源保护与开发得分	综合价值得分
57	初心公园景区	36.3217	14.1775	50.4992
58	延川永坪会议旧址	36.2372	14.2529	50.4901
59	府谷县神龙山景区	36.1432	14.3389	50.4821
60	府谷县沙梁古镇	36.2088	14.266	50.4748
61	冬枣小镇	36.2146	14.236	50.4506
62	延川路遥故居景区	36.1432	14.3005	50.4437
63	绥德县上河源景区	36.176	14.266	50.442
64	清涧县太极圣境景区	36.1902	14.243	50.4332
65	绥德县创新现代农业园区	36.1432	14.2775	50.4207
66	神木市杨业公园	36.1432	14.266	50.4092
67	大荔平罗农业公园	36.1432	14.266	50.4092
68	大荔畅家田园综合体景区	36.1432	14.2315	50.3747
69	佳县大美石窟景区	36.2027	14.17	50.3727
70	瀼岭休闲山庄	36.1432	14.1567	50.2999
71	弥陀寺	38.1183	12.0869	50.2052
72	龙门书院	38.1183	12.0869	50.2052
73	黄河乾坤湾景区	34.4028	14.3355	48.7383
74	嘉平陵	36.1683	12.0869	48.2552
75	黄河壶口瀑布景区	34.0572	13.306	47.3632
76	吴堡县黄河二碛	31.4988	13.306	44.8048
77	佳县城墙	21.2532	5.0426	26.2958
78	"大荔人"遗址	23.2414	2.6791	25.9205
79	东征会议旧址	22.8778	2.6791	25.5569
80	神疙瘩山遗址	22.6354	2.6791	25.3145
81	寨则湾古寨遗址	22.6354	2.6791	25.3145
82	大荔河防碉堡群	20.6765	3.2876	23.9641
83	坊镇王氏民居	20.1845	3.5756	23.7601
84	张大有故居	20.1845	3.2876	23.4721

续表

序号	类 型	遗产资源评价得分	遗产资源保护与开发得分	综合价值得分
85	南长益药王庙	19.8791	3.5137	23.3928
86	南龙亭乔氏家庙	19.6551	3.4892	23.1443
87	韩城县衙大堂	19.5655	3.4892	23.0547
84	辛庄遗址	19.5688	3.2541	22.8229
89	上干谷圣寿寺	19.4949	3.1765	22.6714
90	韩城高家祠堂	18.6312	3.8606	22.4918
91	东高明堡址	19.2642	3.0496	22.3138
92	韩城郭家民居	19.2592	3.0511	22.3103
93	丁家五合祠	19.2642	3.0266	22.2908
94	郭庄寨三圣庙	18.7367	3.4892	22.2259
95	王家塬娘娘庙古建筑群	18.6395	3.4771	22.1166
96	南潘庄三义庙献殿	18.5257	3.4125	21.9382
97	莘村马家祖祠	18.6101	3.3176	21.9277
98	韩城解家民居	18.6101	3.2876	21.8977
99	韩城苏家民居	18.8687	3.0266	21.8953
100	北贝马哲民民居	18.6101	3.2576	21.8677
101	邓家寨寨址	18.791	3.0658	21.8568
102	史带禹王庙献殿	18.5698	3.2509	21.8207
103	龙王汕遗址	18.6312	3.1741	21.8053
104	三义墓	18.4515	3.3176	21.7691
105	扶荔宫遗址	18.49	3.1226	21.6126
106	永丰昌（酱园）旧址	18.5257	3.0496	21.5753
107	黄羊村遗址	18.4228	3.1137	21.5365
108	下干谷玉皇庙献殿	18.4935	3.0381	21.5316
109	宜瓦战役宜川遗址	18.4816	3.0458	21.5274
110	甜水沟遗址	18.4081	3.0496	21.4577
111	西彭悟真观	18.4081	2.9966	21.4047
112	杨震家族墓地	18.3237	3.0611	21.3848

续表

序号	类型	遗产资源评价得分	遗产资源保护与开发得分	综合价值得分
113	紫冯遗址	18.5117	2.7995	21.3112
114	郭庄府君庙	18.5257	2.7316	21.2573
115	牛北遗址	18.5257	2.6791	21.2048
116	潼关汉城遗址	18.1037	3.0036	21.1073
117	大荔洛渭漕渠遗址	18.4522	2.5841	21.0363
118	南寨遗址	18.2341	2.7316	20.9657
119	文殊新塔	17.8977	3.0676	20.9653
120	十二连城烽火台遗址	18.3147	2.5841	20.8988
121	灵井遗址	17.7331	3.0841	20.8172
122	梁家遗址	17.7177	3.0381	20.7558
123	潼关城遗址	17.6997	3.0151	20.7148
124	东高垣城堡	17.4326	3.0611	20.4937

注：不同级别不同类型的同一资源点，按一个资源点计算。

两种类型以上遗产资源点17处，矫正后去掉8处，得到7处，分别是：历史文化名村（韩城市西庄镇党家村）、高等级旅游景区（韩城市党家村景区）和传统村落（陕西省韩城市西庄镇党家村）算1处；文物保护单位（丰图义仓）和高等级旅游景区（丰图义仓）算1处；文物保护单位（韩城普照寺）和高等级旅游景区（普照寺）算1处；文物保护单位（韩城大禹庙）和高等级旅游景区（大禹庙景区）算1处；文物保护单位（潼关故城）和高等级旅游景区（潼关古城）算1处；文物保护单位（高家堡古城）和高等级旅游景区（神木市高家堡古城）算1处；文物保护单位（法王庙）和高等级旅游景区（法王庙）算1处。

2. 遗产资源特征分析

黄河是中华民族的母亲河，是中华文明的源头和发祥地。陕西沿黄地区依托黄河流域衍生了深厚的历史文化资源，是黄河文化根之所系、魂之所在，是中国革命的摇篮，是农耕文化和游牧文化交融地。[76]陕西沿黄地区是文化遗产资源富集地带，整体遗产资源集纵向历时性价值、横向共时性价值和当代现实价值于一体，充分体现了其价值体系的多元性、价值形态的多样性、价值关系的多维性、价值结构的开放性。[77]为了明确保护沿线遗产的意义和重要性,指导相关保护与开发工作,本研究对沿黄遗产资源价值的构成类型、空间分布、价值特征进行了相关分析。

(1) 遗产资源构成类型分析

迄今为止,沿黄地区出土的文物数量居全国首位,文物藏量、古遗址数量、古建筑门类在全国首屈一指,堪称中国物质文化遗产宝库。境内共发现新、旧石器时代的文化遗址 4000 处,其密集程度、文物藏量均居全国之首,有重点文物保护单位 168 处,占总遗产数量的 57.73%;传统村落 47 处,占总遗产数量的 16.15%;高等级旅游景区 71 处,占总遗产数量的 24.40%;中国历史文化名城 3 处,占总遗产数量的 1.03%;中国历史文化名镇、中国历史文化名村各 1 处,占总遗产数量的 0.34%。(图 4-2)

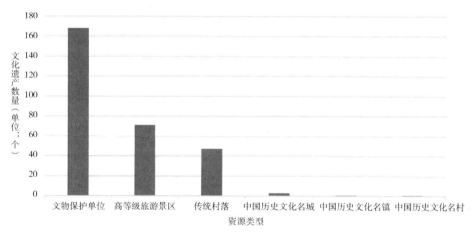

图 4-2 沿黄地区遗产类型构成图

(2) 遗产资源价值特征分析

沿黄流域位于中国版图的鲜明位置,承东启西、连接南北,自古是各民族文化交流与融会的核心区域。陕北的红色革命文化、边塞文化、草原文化,关中的历史文化都极富特色。由此,沿黄遗产资源价值特征分为四类:一是以人文景观、寺庙等宗教类文化遗产为依托,凸显儒学、佛教、道教等文化内核的传承与发展;二是以遗址、红色资源旧址为载体,发挥研学纪念功能,宣传丰厚文化历史及革命精神;三是以古建筑、古村落、雕塑、石刻等为代表,体现黄河、黄土文明成就;四是以山水审美为载体的文化景观,展现大自然鬼斧神工的历史艺术文化。

(3) 遗产资源空间分布分析

根据沿黄遗产在不同市县地区分布数量及密度上的数据差异化统计（表4-13），韩城市有包括省级、国家级在内的遗产81项，占沿黄遗产总数的27.84%，数量上远远高于其他地区；其次为大荔县、合阳县、佳县和延川县，分别拥有遗产35项、30项、26项和25项；再者是绥德县、神木市、潼关县、宜川县和府谷县，分别有遗产项目20项、17项、13项、13项和12项；清涧县、延长县、吴堡县的遗产数量最少，分别有7项、6项、4项。

表4-13 陕西沿黄地区遗产数量和密度统计

（面积：千 km²；数量：个）（按市列表，把县归到市下面）

	府谷县	神木市	佳县	吴堡县	绥德县	清涧县	延川县	延长县	宜川县	韩城市	合阳县	大荔县	潼关县
面积	3.229	7.635	2.03	0.421	1.853	1.881	1.98	2.369	2.931	1.621	1.437	1.8	0.526
文化遗产数量	12	17	26	4	20	7	25	6	13	81	30	35	13
密度	3.71	2.23	12.81	9.50	10.79	3.72	12.63	2.53	4.44	49.97	20.88	19.44	24.71

注：该表以县城为统计单位，故未包含"历史文化名城"。

从遗产的密度上看，沿黄地区占地总面积为29.71千 km²，共有省级以上遗产项目点289个，平均密度为9.79个/千 km²。韩城市遗产分布密度最大，约为49.97个/千 km²；其次为潼关县、合阳县、大荔县、佳县、延川县和绥德县，分别为24.71个/千 km²、20.88个/千 km²、19.44个/千 km²、12.81个/千 km²、12.63个/千 km²和10.79个/千 km²；遗产空间分布密度在总平均线以下的6个地区，分别是吴堡县、宜川县、清涧县、府谷县、延长县、神木市。基于以上遗产地域分布和密度情况，可以较为直观地看出沿黄遗产空间分布较集中于南部，并集中于沿黄公路附近，即各类遗产在带状空间分布格局中，局部又有组团集聚分布特征。

陕西沿黄公路沿线区域自然风光壮美，民族文化多彩，历史信息丰富，文化遗产资源密集。其中建筑文化遗产资源的类型主要有古建筑、古桥、寺庙、民居、古塔、古村、古镇等；其他物质文化遗产资源有居民生产生活工具、信仰用具、民间工艺美术产品、服饰和饮食等。沿黄公路沿线留下了众多的历史文化遗产，如此密集、大规模且拥有相同文化主题的遗存和遗址分布在一个线性区域的情况是比较少见的。

三、陕西沿黄遗产资源空间分布模式

综合当前空间分布模式研究成果,按照陕西沿黄遗产资源价值特征、构成类型、空间分布形式,大致归纳出五类当前陕西沿黄遗产资源空间分布模式,分别为线性空间模式、组团空间模式、游离空间模式、卫星空间模式和子母空间模式。

(一) 线性空间模式

线性空间模式也称带状空间模式,指遗产资源点按一定规律分布,集中在一条狭长带状的区域空间内,在地理位置上呈现相互衔接的分布状态(图4-3)。

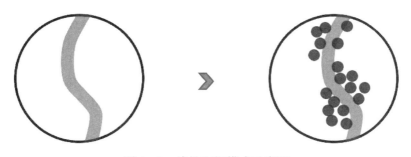

图4-3 线性空间模式示意图

陕西沿黄遗产线性空间分布模式主要集中在5个区域,分别为神木市窟野河遗产带、延川县革命遗址带、佳县沿黄带、韩城市沿黄带和无定河遗产带。

神木市窟野河遗产带线性廊道宽度约为5千米,呈"西北—东南"走向分布,遗产资源沿窟野河分布在两侧的河岸和山峦上。廊道内具体资源点为:黄羊村遗址、寨峁遗址、麟州故城、神木白氏民居、凯歌楼、天台山庙、二郎山庙、神木市杨业公园、神木市陕北民俗文化大观园、神木市二郎山景区、神木市碧麟湾景区(图4-4)。

延川县革命遗址带线性廊道宽度约为19千米,呈"西北—东南"走向分布,廊道内部资源点呈3个组团聚集,西部组团内资源点沿五狼嘴山两

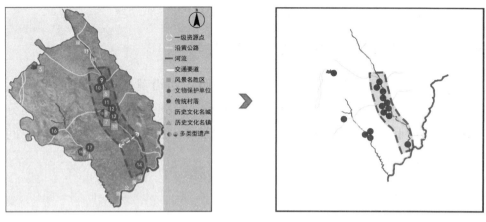

图 4-4　神木市窟野河线性空间模式图

侧的山间平地分布；中部组团以文安驿城址、梁家河村、文安驿古镇 3 个一级资源点为中心向四周分布；东部组团以会峰寨寨址和小程民俗文化村 2 个一级资源点为核心，沿黄河分布。廊道内具体资源点为：上田家川村、磨义沟村、马家湾村、赵家河村、甄家湾村、太相寺村、梁家河村、碾畔村、刘家山村、延川文安驿古镇、延川路遥故居景区、永坪革命旧址、永坪红二十七军后方医院旧址、冯家坪革命旧址、太相寺会议旧址、神疙瘩山遗址、梁家河知青旧址、小程民俗文化村、文安驿城址、高家湾八路军医院旧址、杨家圪台革命旧址、会峰寨寨址、嘉平陵、乾坤湾毛泽东旧居、黄河乾坤湾景区（图 4-5）。

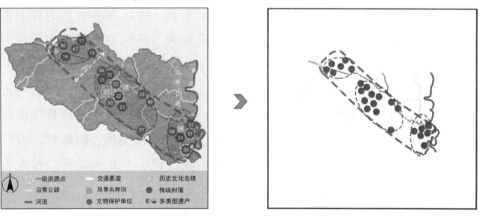

图 4-5　延川县革命遗址线性空间模式图

佳县沿黄带线性廊道宽度约为 20 千米，呈"西北—东南"走向分布，资源点以泥河沟村、化云寺石窟、云岩寺、木头峪村等一级资源点为核心，沿河流与公路分布。具体资源点为：佳县大美石窑景区、佳县神泉堡革命纪念馆、佳县白云山景区、赤牛坬民俗文化村、泥河沟村、张庄村、神泉村、峪口村、木头峪村、荷叶坪村、刘家坪村、沙坪村、石擩擩山遗址、佳县城墙、香炉寺、佛堂寺石窟、李有源故居、神泉中共中央驻地旧址、玉泉寺石窟、白云山庙、化云寺石窟、兴隆寺、云岩寺、寨则湾古寨遗址、开化寺、王家墕娘娘庙古建筑群（图 4-6）。

 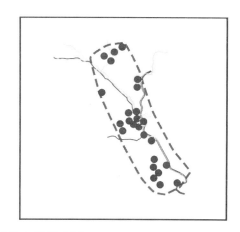

图 4-6 佳县沿黄线性空间模式图

韩城市沿黄带线性廊道位于韩城市的东南部，宽度约为 15 千米，呈"东北—西南"走向分布于澽水下游川道和黄河滩地上，此区域地势平坦，灌溉条件较好，人口密度大，因此形成了丰富的遗产资源。韩城市沿黄带线性廊道以韩城、党家村、清水村、梁带村、芮国遗址博物馆等一级资源点为核心，沿交通廊道分布于黄河沿岸。具体资源点为：王峰村、西原村、党家村、柳枝村、周原村、相里堡村、清水村、玉皇后土庙、法王庙、党家村古建筑群、弥陀寺、永丰昌旧址、嵬东司马氏建筑群、韩城郭家民居、王村九郎庙、韩城普照寺、吉灿升故居、韩城九郎庙、庙后二郎庙、韩城图书楼、梁带村遗址、韩城城隍庙、韩城苏家民居、紫云观三清殿、韩城文庙、西彭悟真观、毓秀桥、东营庙、北营庙、关帝庙正殿、龙门书院、韩城高家祠堂、庆善寺大佛殿、扶荔宫遗址、韩城大禹庙、王峰寨古建筑群、韩城古街房 10 号、韩城解家民居、郭庄府君庙、郭庄寨三圣庙、井溢古建筑群、南潘庄三义庙献殿、司马迁墓和祠、上干谷圣寿寺、史带禹王庙献殿、下干谷玉皇庙献殿、丁家五合祠、周原张氏民居群、堡安古建筑群、瀂岭休闲山庄、王峰景区、龙门钢铁景区、法王庙、韩城市党家村景区、普照寺、梁带村芮国遗址博物馆、韩城市博物馆、象山森林公园、韩城庆善寺景区、韩城城隍庙古文化街区、北营庙景区、大禹庙景区、状元府博物馆、司马迁祠景区、韩城市神农现代农业园区、党家村、韩城（图 4-7）。

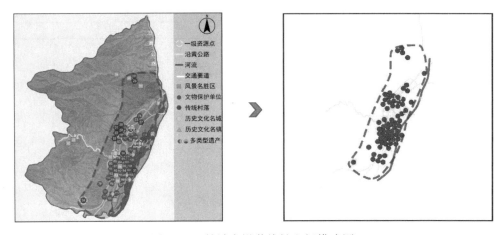

图 4-7 韩城市沿黄线性空间模式图

无定河遗产带线性廊道宽度约为 9 千米，呈"西北—东南"走向分布，遗产资源以一级资源点——贺一村为核心，沿无定河分布。具体资源点为：艾家沟村、绥德县文化广场、疏属山景区、白云山景区、合龙山祖师庙、蒙恬墓、扶苏墓、韩蕲王庙、党氏庄园、贺一村、绿源休闲生态园、袁家沟毛泽东旧居、李家崖城址、清涧县北国风光景区、高杰村（图 4-8）。

（二）组团空间模式

组团空间模式是指众多遗产资源点组合形成一个小的团聚型空间形态，其中每一个遗产资源点都辐射周边一片区域形成一个小的团聚型空间形态，多个遗产资源点组合呈现出整体的组团状遗产资源空间结构（图 4-9）。

陕西沿黄遗产组团空间分布模式主要集中在 3 个区域，分别是宜川县遗产资源组团、大荔县遗产资源组团和潼关县遗产资源组团。

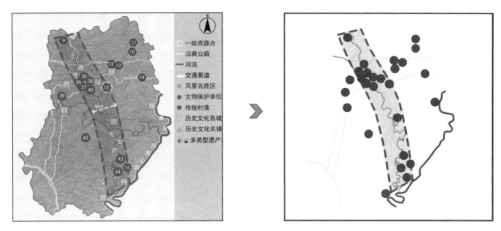

图4-8　无定河遗产带线性空间模式图

图4-9　组团空间模式示意图

宜川县遗产资源组团内包含3个聚团，分别是西部英旺乡聚团、中部宜川县城聚团、东部壶口镇聚团，聚团内资源点主要沿黄河、国道、省道等交通走廊分布。具体资源点为：石堡寨、下北赤塔、圪背岭宜瓦战役指挥所旧址、中山堡址、二战区长官部旧址、宜川第二战区抗战旧址群、寿峰寺、龙王辿遗址、宜川城墙遗址、宜瓦战役宜川遗址、黄河壶口瀑布景区、宜川县秋林第二战区长官司令部旧址景区、宜川蟒头山国家森林公园景区等（图4-10）。

大荔县资源组团辐射范围主要位于北洛河以北，大荔县地势平坦，资源点呈整体散状小范围聚集分布，组团内部包含5个聚团，分别是遗址聚团、佳县县城聚团、丰图义仓聚团、范家镇聚团、许庄镇聚团。具体资源点为：东白池九郎庙、东高城戏楼、北贝马哲民民居、井庄戏楼、"大荔人"遗址、大荔河防碉堡群、东白池村、东高垣村、结草村、大寨村、东

— 99 —

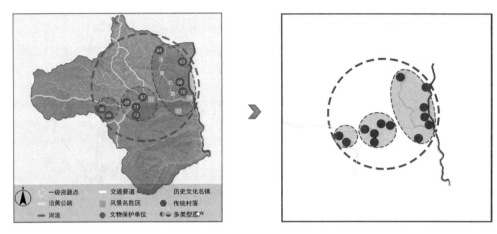

图 4-10　宜川县组团空间模式图

高明堡址、荔北战役纪念园、甜水沟遗址、三义庙、太白庙、梁家遗址、东高垣城堡、丰图义仓、岱祠岑楼、金龙寺塔、紫冯遗址、李氏家族墓地、文殊新塔、大荔洛渭漕渠遗址、牛北遗址、大荔县福佑古寨景区、大荔中节能光伏农业生态园景区、冬枣小镇、大荔平罗农业公园、同州湖、大荔畅家田园综合体景区、大荔新堡月季文化产业园景区、大荔县八鱼石墓博物馆、大荔新茂天地源生态农场（图 4-11）。

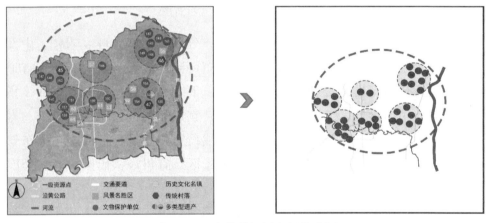

图 4-11　大荔县组团空间模式图

潼关县资源组团位于地势较为平坦的北部，组团内形成 2 个聚团，分别是黄河沿岸的潼关故城聚团和黄土台塬上的泗州城聚团。具体资源点为：潼关汉城遗址、南寨遗址、十二连城烽火台遗址、潼关故城、杨震家族墓地、潼关城遗址、泗州城遗址、杨震廉政博物馆、潼关黄河古渡口景区、万盛园酱菜博物馆、岳渎·牡丹园景区、潼关古城、秦王寨马刨泉（图4-12）。

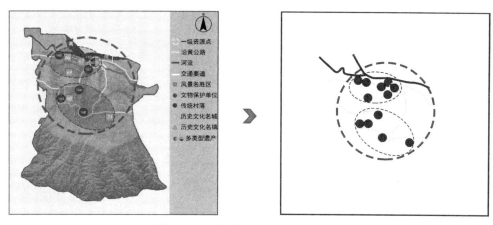

图 4-12　潼关县组团空间模式图

（三）游离空间模式

游离是一种自由随意的状态，在空间内以"单质"形态存在且无序漂移。由于遗产资源点位置固定，因此游离空间模式也可称为点状空间模式，具体指遗产资源点分布呈现点状，周围遗产资源点未能与其相呼应，整体较为零散，未形成聚集效应（图4-13）。

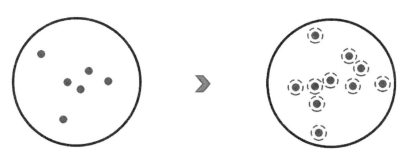

图 4-13　游离空间模式示意图

陕西沿黄遗产游离空间分布模式主要集中在3个区域，分别在清涧县、吴堡县和府谷县内。

清涧县地处黄土高原丘陵沟壑区，多峁梁沟壑，遗产资源呈游离状分布于山间平地上。清涧县游离空间资源点具体为：辛庄遗址、袁家沟毛泽东旧居、李家崖城址、清涧县路遥书苑景区、清涧县北国风光景区、清涧县太极圣境景区、高杰村（图4-14）。

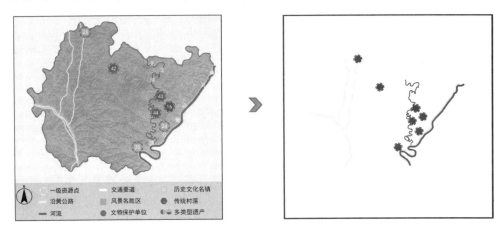

图4-14 清涧县游离空间模式图

吴堡县游离空间资源点主要沿黄河分布，具体资源点为：柳青故居、川口村毛泽东东渡黄河旧址、吴堡石城、吴堡县黄河二碛（图4-15）。

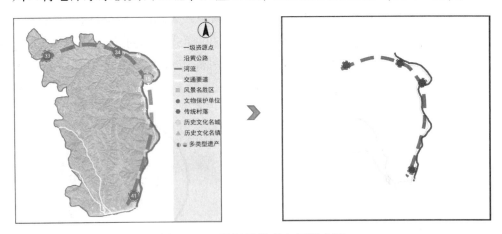

图4-15 吴堡县游离空间模式图

府谷县资源点主要沿河流、公路等交通走廊游离分布在黄河沿岸和山间平地上，同时游离分布的资源点形成大小两个闭环。具体资源点为：哈镇抗日活动旧址、石窟沟石窟、宗常山真武庙、府谷香莲寺、府州城、府谷郝氏庄园、七星庙、镇羌堡城址、木瓜园堡、神龙山景区、沙梁古镇、高寒岭人文森林公园（图4-16）。

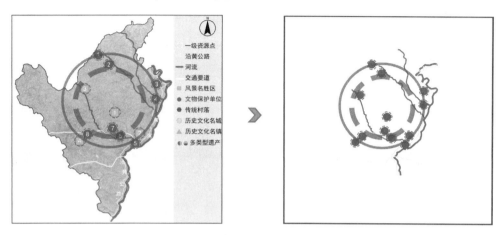

图4-16　府谷县游离空间模式图

（四）卫星空间模式

卫星空间模式是指以某个单独核心遗产资源点（母资源点）为中心，沿多条交通走廊定向向外扩张形成的空间形态，其中外围遗产资源点具有相对独立性（图4-17）。

图4-17　卫星空间模式示意图

陕西沿黄遗产卫星空间分布模式集中于绥德县内，以一级资源点——贺一村为中心，8个卫星资源组团沿无定河、高速、省道等交通走廊向外延伸，其中5个资源组团构成环状廊道，形成"绥德县卫星空间资源图谱"。具体遗产资源点为：艾家沟村、中角村、梁家甲村、常家沟村、郭家沟村、虎焉村、贺一村、合龙山祖师庙、蒙恬墓、扶苏墓、韩蕲王庙、卧龙岗祖师庙古建筑群、绥德党氏庄园、绥德县上河源景区、绥德县郭家沟影视基地景区、绥德县创新现代农业园区、绥德县文化广场、绥德县疏属山景区、绥德县郝家桥景区、绥德县绿源休闲生态园（图4-18）。

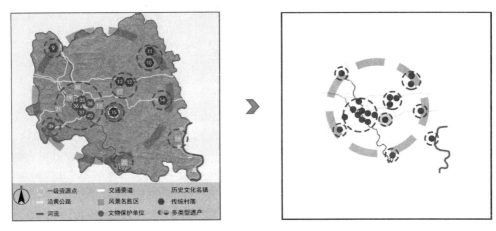

图4-18 绥德县卫星空间模式图

（五）子母空间模式

子母空间模式为室内空间布局模式，是在原空间（母空间）中用实体或象征性手段再限定出来的小空间（子空间），既能满足使用功能要求，又能丰富空间层次，强化空间效果。在遗产资源分布空间模式中特指在同一地域内原遗产资源点（母空间）基础上"滋生"出单个或多个小资源点（子空间）或同一遗产资源点被赋予不同称号（图4-19）。

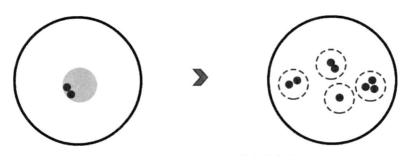

图4-19 子母空间模式示意图

陕西沿黄遗产子母空间分布模式主要集中在6个区域，分别为韩城市、神木市、佳县、延川县、大荔县和延长县内（图4-20）。

第四章 陕西沿黄遗产资源价值评价与空间格局

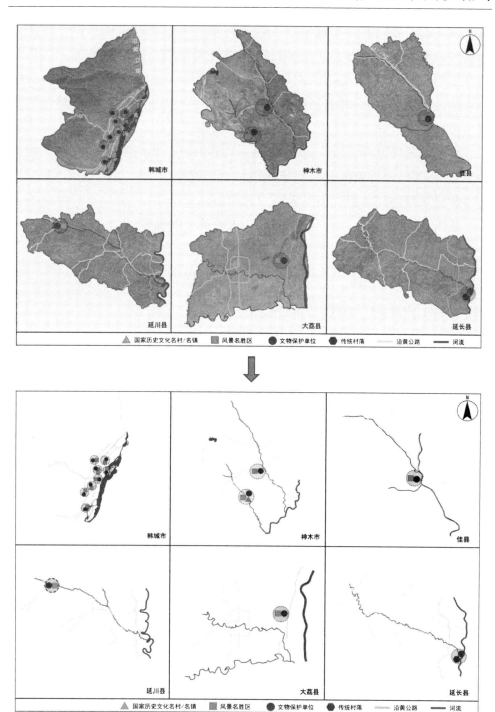

图 4-20 陕西沿黄遗产子母空间分布图

韩城市子母空间：①党家村—党家村景区—党家村古建筑群；②庆善寺景区—庆善寺大佛殿；③梁带村芮国遗址博物馆—梁带村遗址；④法王庙（文物保护单位/高等级旅游景区）；⑤普照寺（文物保护单位/高等级旅游景区）；⑥北营庙—北营庙景区；⑦大禹庙—大禹庙景区；⑧司马迁墓和祠—司马迁祠景区。

神木市子母空间：①二郎山景区—二郎山庙；②高家堡古城（文物保护单位/高等级旅游景区）—高家堡镇—石峁遗址。

佳县子母空间：白云山景区—白云山庙。

延川县子母空间：永坪会议旧址—永坪革命旧址。

大荔县子母空间：丰图义仓（文物保护单位/高等级旅游景区）。

延长县子母空间：凉水岸河防战斗遗址—凉水岸村。

四、陕西沿黄遗产资源空间格局

陕西沿黄遗产资源空间格局涵盖陕西省的5市11县，北起府谷县，南至潼关县，在空间范围上南北长约550千米，东西跨度30~75千米。综合上文五类陕西沿黄遗产资源空间分布模式，将陕西沿黄遗产资源空间格局归纳为轴线串接多个遗产组团，即"一轴、五带、六区、多点"的空间结构。（图4-21）

"一轴"是指"黄河流域—沿黄公路"核心轴线，纵贯南北主干交通要道，串联廊道沿线市县、传统村落、文物保护单位、高等级旅游景区等遗产资源，呈现出协同推进的南北发展轴线，"一轴"是形成廊道空间格局的前提和基础。

"五带"即依托天然地域优势，联动区位资源，形成带状线性廊道，分别为延川县革命遗址带、佳县沿黄带、韩城市沿黄带、神木市窟野河带和无定河遗产带。陕西沿黄带状线性廊道资源点均沿河流分布，其中韩城市沿黄带遗产资源点分布最为聚集，数量远远超过其他线性遗产带，遗产资源点分布数量达到65处，佳县沿黄带和延川县革命遗址带遗产资源点分布数量也较多，达到20余处，无定河遗产带资源点分布数量相对较少，有14处。五大带状线性廊道基本串联起陕西沿黄区域42%的遗产资源。在5条带状空间分布格局基础上，形成了5条线性遗产廊道，即延川县线性遗产

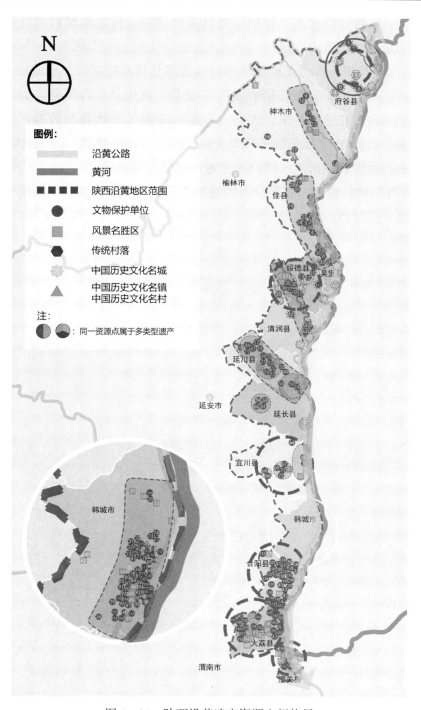

图 4-21 陕西沿黄遗产资源空间格局

廊道、佳县线性遗产廊道、韩城市线性遗产廊道、神木市窟野河线性遗产廊道和无定河线性遗产廊道。

"六区"指根据廊道不同区域的资源条件及其发展定位,形成6个县级遗产资源区域,主要分布在府谷县、绥德县、宜川县、合阳县、大荔县和潼关县。其中,在这些县中,大荔、合阳、绥德3个县分布的遗产资源点数量最多,且分布较为密集,其中大荔28处、合阳22处、绥德20处。6个县级遗产资源区域形成了陕西沿黄遗产区域空间格局。

"多点"则是廊道内零星分布的遗产资源点,即上文提到的游离空间模式中的遗产资源点。

第五章　陕西沿黄遗产资源旅游线路规划

一、规划原则

（一）整体规划原则

陕西沿黄地区遗产资源分布不均，遗存完整程度与旅游价值各有差异，且沿线经济、社会、交通发展程度不一，给陕西沿黄遗产廊道构建和全域旅游规划都带来了一定难度。所以，必须按照整体性规划的原则进行旅游线路设计，让旅游价值较高的遗产资源点辐射、引领、反哺其他类型的遗产资源的保护与开发利用，形成陕西沿黄地区遗产资源的整体品牌响应，从而推动区域经济增长，带动全域旅游发展。

（二）科学规划原则

全域旅游规划是一项系统工程，是伴随旅游业供给侧改革而诞生的一种新的区域旅游发展理念，它将旅游业发展与各个领域的发展视作一个系统进行考虑，所以必须遵循科学系统的规划原则。陕西沿黄地区遗产资源类型多样，与社会各行业联系紧密，在进行旅游线路规划和旅游产品开发的过程中，应选择科学合理的开发模式，并对遗产资源点游览路线、解说系统、服务设施做预先的系统规划，最终实现陕西沿黄地区旅游业全域共建、全域共融、全域共享的科学发展模式。

（三）多方参与原则

陕西沿黄地区全域旅游规划需要全社会、各部门的多方参与和互相配合。根据发展全域旅游的要求，对陕西沿黄地区高等级景区、文物保护单位、历史文化名城、传统村落等资源进行整合，提取并分析联系密切的各类资源要素,并采纳政府机构、本地居民、游客、公司企业的不同意见,结合陕西省的旅游服务系统,提升陕西沿黄遗产廊道游线的历史、文化、经济、科普价值,如重点遗产资源的保护、黄河沿岸生态环境修复、沿黄旅游产品牌化、公共基础服务设施更新、沉浸式旅游体验创新、数字媒体技术应用等方面,均需要社会各界的参与和支持。

(四) 产业融合原则

产业融合是指在时间上先后产生、结构上处于不同层次的农业、工业、服务业、信息业、知识业在同一个产业、产业链、产业网中相互渗透、相互包含、融合发展的产业形态与经济增长方式,是用无形渗透有形、高端统御低端、先进提升落后、纵向带动横向,使低端产业成为高端产业的组成部分,实现产业升级的知识运营增长方式、发展模式与企业经营模式。产业融合是城乡融合区域融合的本质,是城乡融合区域融合的核心、纽带与催化剂。[78]陕西沿黄地区有良好的生态资源和农业设施,以及丰富的旅游资源,在全域旅游背景下必须延伸休闲农业产业链,提升服务业核心地位,完善信息业、知识产业的产业结构,升级其产业功能,让旅游业发展带动其他产业,产生新的业态,形成城乡融合互补的产业网。

(五) 突出特色原则

陕西沿黄地区全域旅游线路规划既要注重产业融合,也要注重突出遗产资源特色的原则,以特色引领全域旅游建设,立足本地实际,挖掘地域文化,探索区域统筹发展机制,形成特色鲜明、创新先行的全域旅游格局。将陕西沿黄地区的人文自然资源与产业特色进行个性化设计,提升文化的内涵,将具代表性的乡土特色传统工艺产品呈现给游客,运用创新的思维,避免雷同,展示区域特色。一是凭借陕西沿黄地区的生态资源和乡村旅游资源,打造乡村休闲度假旅游胜地;二是依托黄河生态农业和相关产业基础,突出当地的风土民俗,打造陕西沿黄区域内最大规模的旅游商品生产地;三是将陕西文化与黄河文化融入旅游产业中,凸显陕西沿黄独具魅力的文化IP,并建立品牌化的旅游产品、制度化的运营模式和个性化的推广策略。

(六) 可持续发展原则

全域旅游视角下的陕西沿黄地区遗产廊道构建应尊重自然、遵循自然发展规律，保护区域的历史风貌、历史文脉，建立可持续发展模式，倡导生态文明理念和健康的生活方式。坚持"绿水青山就是金山银山"理念，合理利用，注重保护，划定生态保护红线，守住生态底线，合理开发各类旅游资源，使全域旅游成为积极有效的开发保护模式。陕西沿黄遗产廊道的游线规划，不仅要满足游客感受历史文化价值的需求，还要满足当地经济发展的需求。陕西沿黄遗产廊道的游线规划不是单方向，而是双方向的，是游客、利益相关者之间的平衡和互动。全域旅游的背景下陕西沿黄遗产廊道的可持续发展，一方面，加强核心遗产资源点与周边空间的联系，把相似文化主题的资源点整合，构成连续的空间线路，串联资源点的文化关系、发展脉络、交通网络，引导该游线的历史文化可持续传承；另一方面，通过对遗产资源规划而提出的游线要与当地旅游政策、旅游信息、旅游研究成果共享，这对于更新的旅游信息的可持续互动具有重要意义。

二、规划思路

全域旅游开发是遗产保护与利用的有效手段，通过对陕西沿黄地区遗产资源价值构成、等级和特征的分析，对遗产资源旅游开发提出构建遗产品牌、规划特色游线、推进文旅融合、建立管控机制等策略，实现保护遗产资源本体，达到活化遗产价值、丰富旅游体验、提升区域经济、完善保障措施、促进产业发展的目的。

(一) 构建遗产品牌，活化遗产价值

陕西沿黄地区文化价值突出、观赏性好、区位优越、保护级别较高的文化遗产资源，主要包括保存较完整的历史古城、古寺庙、革命旧址、古民居、传统村落等。在对外开放和观光体验的过程中取得了一定的展示效果，但影响范围有限，对游客的吸引力较弱，展示形式不足以激活遗产资源。同时，单一的利用路径难以使部分遗产资源"活起来"。总之，纯粹的观光旅游模式使文化遗产资源的互动性不强，停留时间短，缺乏深度体验，

对文化内涵认知度普遍偏低。

为了活化独具魅力的黄河遗产价值,根据陕西沿黄地区遗产资源等级和遗产资源特性,以业态、仪式、景观等活化方式塑造"农耕文明""遗址遗迹""古建聚落""民俗风情"四大遗产品牌,打造"讲好黄河故事"的主题形象,加强特色产业融合,提升产业黏性。

"农耕文明"品牌:主要以一级遗产资源点中传统村落来构建。在遗产资源等级划分中,被评为一级传统村落的有佳县朱家坬镇泥河沟村、佳县木头峪乡木头峪村、绥德县四十里铺镇白家碱乡贺一村等9处。针对农耕文明品牌,策划"体—摘—观—购"项目,以"体验农耕活动""采摘农业果蔬""参观农业用具""购买农业特产"形式来探秘古村,寻访乡愁。

"遗址遗迹"品牌:主要以一级资源点中文物保护单位的文安驿城址和会峰寨寨址来构建,进行"探"系列项目,开展"探究千年古道驿站"及"探险古代防御寨址"复合型旅游项目。

"古建聚落"品牌:主要以一级资源点中文物保护单位的府州城、麟州故城、吴堡石城、党家村古建筑群、潼关故城来构建,实现"游古建,忆古城,寻古迹"。

"民俗风情"品牌:以一级资源点中文物保护单位的小程民俗文化村来构建,并策划"小程文化节+非遗体验+特色农家乐"项目。

(二) 规划特色游线,构建网络系统

针对陕西沿黄地区遗产资源点的线性带状分布情况,提出突出重点与加强协调有机结合的文化旅游发展格局。陕西沿黄公路作为陕西沿黄地区南北双向的重要交通线路,串联了国道G108、国道G309、延水路、国道G307、省道S302、神盘公路和省道S301等,形成沿线主要轴线框架,构成"点—轴系统"的主体发展轴线。以轴带点开展树形发展模式,即以一级资源点为核心紧密层,二级资源点为中间连接层,三级资源点为外围拓展层,由陕西沿黄公路自东向西建立树形发展网。

目前游客体验式文化旅游的最佳表达形式就是突破表面原始的被动体验,引导旅游者主动去经历并有所感悟。[79]为满足自助式旅游者的需求,根据区域遗产资源特色,依托树形发展网,着力打造特色村落、科普研学、

红色革命、宗教文化、农业观光、黄河风情等6条旅游体验精品线路,以此来突出本土特色,强调体验式文化旅游过程,提升吸引力和影响力,进而增大旅游地的重游率。

特色村落度假游:黄河沿线有众多传统村落,如陕西省韩城市西庄镇党家村、绥德县四十里铺镇艾家沟村、绥德县满堂川乡郭家沟村等。可以根据各自特色分别打造不同的村落旅游点,构建以展示陕北文化特色和反映陕北风情为内容,承载记忆、回味乡愁的精品古村线路。

科普研学体验游:依托黄河沿线司马迁墓和祠、会峰寨寨址、石峁遗址等文化遗产资源,围绕沿线重要遗产点保护主题展示和遗址考古,感受本土历史名人风采,积极开展科普研学线路。

红色革命教育游:以黄河沿线红色人文景观为依托,建设感悟革命遗迹及遗物背后蕴含的红色人文精神的教育休闲线路。

宗教文化感悟游:重点依托沿线云岩寺、东营庙、化云寺石窟,以一级资源、二级资源为辅助,共同打造以美丽自然环境和神秘宗教文化吸引游客去朝觐观赏、修身养性的宗教文化感悟线路。

农业观光休闲游:围绕沿线示范园农业基地,探寻陕北黄土文化的独特魅力,创建体验农耕乐趣、品味农业情怀、享受田园生活、感知民俗风情的线路。

黄河风情探险游:以沿黄公路为交通依托,以沿线体验项目打造一体化黄河风情体验线路。

(三) 推进文旅融合,提升区域经济

文化作为国家发展、提高软实力的主阵地,发展文化事业既能凝聚民族之魂,也能推动文化相关产业的发展,促进区域经济的提升。[80]2016年12月7日国务院《"十三五"旅游业发展规划》的印发,及2018年4月中华人民共和国文化和旅游部的成立,标志文旅融合进入新阶段。

结合区域优势资源,丰富旅游产品新业态,做好"全时"文旅产品,完善多维度产品体系。在完善观光、休闲、度假等传统旅游产品的基础上,广泛涉及并交叉渗透到农业、工业、康养等系列关联行业中,构建文化旅游综合产业体系,为经济高质量发展提供新引擎、注入新动能。[81]因此,黄

河沿线资源点的旅游开发可在完善普适性旅游服务体系的基础上，明确个性化展现。深度挖掘文化资源，遴选特色主题，以文化为魂，整合自然、人文、社会，有形、无形等各类旅游资源，形成以观光游览旅游为基础，以文化体验旅游为核心，以主题特色旅游为辅助的四大类不同特色的系列产品，打造具有黄河特色的文旅产品体系，如表 5-1 所示。

表 5-1 沿黄文旅产品谱系表

产品层级	产品系列	产品类型	项目支撑
基础产品	观光游览旅游	自然观光游	神木二郎山、佳县白云山、神木红碱淖等
		人文观光游	丰图义仓、文安驿城址、会峰寨寨址等
		农业观光游	平罗农业公园、绥德县创新现代农业园区、绥德县绿源休闲生态园等
核心产品	文化体验游	历史古迹游	潼关故城、吴堡石城、麟州故城等
		科普研学游	韩城市司马迁祠、韩城市党家村景区、小城民俗文化村等
		古村休闲游	韩城市西庄镇党家村、绥德县白家硷乡贺一村、清涧县高杰村镇高杰村等
		红色文化游	宜川第二战区抗战旧址群、二战区长官部旧址、哈镇抗日活动旧址等
		宗教文化游	东营庙、化云寺石窟、云岩寺等
特色产品	主题特色旅游	非遗文创游	传统炕头狮子创新作品茶宠、印章和石峁文化镇纸等
		模拟复原游	大荔县八鱼石墓博物馆、潼关杨震廉政博物馆、韩城市博物馆等
		美食购物游	品尝韩城的"花椒黑酸奶"、绥德的"黑粉油旋"、佳县的"马蹄酥"、榆林的"炸豆奶"、神木的"粉皮"、清涧的"煎饼"、府谷的"果丹皮"等
		节事节庆游	司马迁祠景区举办"追逐司马精神·品味史记文化"活动、党家村景区举办"国庆欢聚党家村·中秋共享团圆夜"活动等

(四) 建立管理机制，完善保障措施

陕西沿黄地区历史文化空间格局的形成，既需要各点、片区建设成果的积累，也需要从全局着眼进行统筹协调、整体推进、分步实施，配套建立相应的制度机制、服务设施。制度机制包括各级政府的鼓励引导机制、统筹协调机制、实施项目多方利益相关者的协作机制；服务设施包括交通设施、游客服务设施、景观设施等。但是，实际情况下这些工作大多未能系统地展开，由此制约着黄河流域（陕西段）历史文化建设的整体推进，影响建设实践工作的效果。

因此，为了推进陕西沿黄地区文化发展格局的构建，必须对陕西沿黄地区各类资源进行细致的普查工作，全面了解和掌握文化遗产资源的种类、数量、分布状况、生存环境、保护现状及存在问题，借助文字、录音、录像、数字化多媒体等手段，对文化遗产进行真实有效、全面系统的记录，建立档案和数据库，从而合理规划遗产资源，采取有效保障措施，推进产业的发展。

第一，依照《中华人民共和国文物保护法》《历史文化名城名镇名村保护条例》等相关法律法规，加强文物古迹、历史建筑、历史街区的保护管理。严格按照法律、法规、技术规范的要求，加快对历史文化名城名镇名村的规划编制及审批，在完善保护机构的基础上，提高保护规划质量。

第二，创建并完善保护资金吸纳与配套使用制度，主要包括国家和省级专项资金带动地方投资，广泛吸纳社会、国际基金，配套用于历史街区和文物古迹的维护及修复；在创新试行坚持国家保护为主、加大政府投入的基础上，鼓励单位和个人维修、依法购买或租用古建筑的保护与开发模式。

第三，改善相应职工待遇，加强文化遗产保护工作队伍建设。通过有计划的教育培训，提高现有人员的工作能力和业务水平；充分利用科研院所、高等院校的人才优势和科研优势，大力培养专门人才；广泛吸纳有关学术研究机构、院校、事业单位、社会团体等各方面力量共同开展文化遗产保护工作；充分发挥专家的作用，建立文化遗产保护专家咨询机制和检查监督制度。[82]

第四，要充分发挥文化遗产对广大未成年人的传统文化教育和爱国主义教育重要作用。[83]各级图书馆、文化馆、博物馆、科技馆等公共文化机构要积极开展对文化遗产的传播和展示；教育部门和各级学校要逐步将优秀的、体现民族精神与民间特色的文化遗产内容编入有关教材，开展教学活动；鼓励和支持新闻出版、广播电视、互联网等媒体对文化遗产及其保护工作宣传展示，普及保护知识，培养保护意识，营造保护文化遗产的良好氛围。

三、规划主题

依据陕西沿黄遗产资源评价等级划分结果，再结合各个资源点的主要特征，对一、二、三级资源点进行主题分配，打造出6条特色鲜明的主题游线，分别为红色革命教育游、宗教文化感悟游、特色村落度假游、科普研学体验游、农业观光休闲游、黄河风情探险游。图5-1中一级为重要遗产资源点，二级为配套遗产资源点，三级为补充遗产资源点。文中着重对一级资源点进行旅游解说，让各条游线更具侧重点。

(一) 红色革命教育游

以延安市为重点，经过宜川县、延长县、延川县、清涧县、绥德县、吴堡县、佳县、榆林市等地，依托丰富的红色旅游资源，精选2市7县的红色旅游景区、革命类博物馆、纪念馆、陈列馆、革命遗址、爱国主义教育示范基地、红色体验项目、红色纪念品等文旅要素，开展红色+党建教育、红色+自驾休闲、红色+生态自然等三类红色革命教育游。无论是想要周末周边游、近郊游，还是短途自驾游的游客都可以参考选取，灵活安排自己的行程。(图5-2)

1. 红色+党建教育

"学习延安精神，弘扬时代新风"线路，到红军东征纪念馆、荔北战役纪念园、历史展览馆，聆听英雄事迹，体验楷模感召，汲取前进力量。

2. 红色+自驾休闲

"走进革命老区，唱响红色歌谣"线路以《保卫延安》《黄河颂》《黄河大合唱》等经典红色歌曲串联神泉中共中央驻地地址、永坪革命旧址、

第五章 陕西沿黄遗产资源旅游线路规划

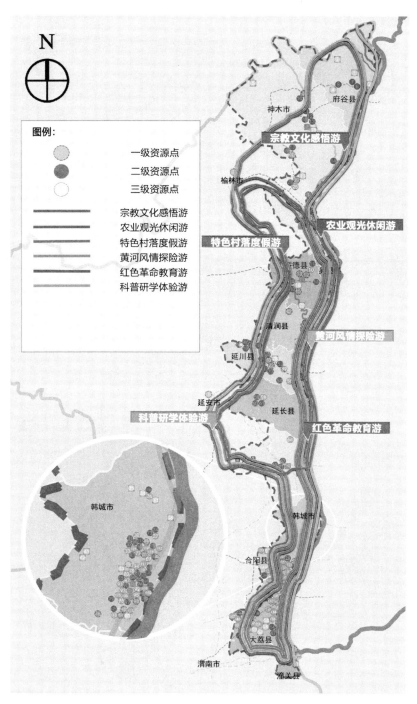

图 5-1 陕西沿黄遗产廊道主题游线规划

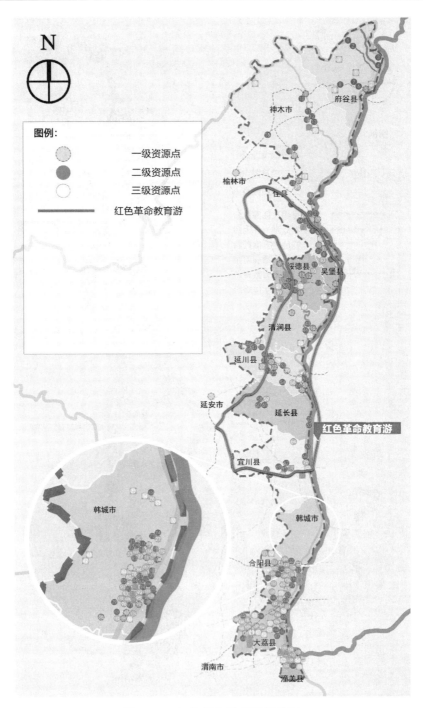

图 5-2 红色革命教育游路线图

永坪红二十七军后方医院旧址、延川永坪会议旧址、宜瓦战役宜川遗址、冯家坪革命旧址、太相寺会议旧址、吴堡石城、梁家河知青旧址、高家湾八路军医院旧址、杨家圪台革命旧址、东征会议旧址、圪背岭直瓦战役指挥所旧址、中山堡址等经典红色旅游景点，唱红歌，游老区，致敬先烈。

3. 红色＋生态自然

"黄河入海，我们回家，感受时空交融"线路，是一条黄河风光、延安革命老区斗争历史与知青文化结合的线路，串联袁家沟毛泽东旧居、川口村毛泽东东渡黄河旧址、柳青故居、乾坤湾毛泽东旧居、凉水岸河防战斗遗址、宜川县秋林第二战区长官司令部旧址景区、二战区长官部旧址、宜川第二战区抗战旧址群等旅游资源。河海相交，天地广阔，有过革命年代斗争的烽火，有过建设年代奋斗的青春，在壮丽风光中接受历史文化、革命精神的洗礼。

其中一级资源点：吴堡石城。

吴堡石城（图5-3）：位于榆林市吴堡县城东2.5千米处的独立山梁上，城东下临黄河，河东为山西省柳林县军渡镇，系吕梁山脉。吴堡石城始建于五代时期的北汉，为吴堡寨，北宋扩筑，金正大三年（1226）设吴堡县治于此，元、明、清及民国皆为吴堡县城。吴堡石城既见证了农耕文明与游牧文明的交融，也见证了革命年代的不朽传奇。吴堡石城地势险要，易守难攻，自古是兵家必争之地。抗日战争时期，这里是陕甘宁边区的东大门，与山西省柳林县隔河相望，也是通往华北的咽喉要道，侵华日军曾隔黄河炮击石城，使城内部分古建被毁，城墙也遭到不同程度的破坏。现

图5-3 吴堡石城

城垣残高 1.6～11.2 米，城垣设东、南、西、北四门，上均建有门楼（已毁），东北、西北角设有角台。城内原有南北大街一条，店铺数十处，以及历代衙门、娘娘庙、祖师庙等，现皆残破。城内现存数处清代窑洞式民居，保存相对完整。吴堡石城属于典型的黄河文化遗存，建筑历史久远、科考价值较高，素有"华夏第一石城"之美誉。

二级资源点：神泉堡中共中央驻地旧址、永坪革命旧址、永坪红二十七军后方医院旧址、冯家坪革命旧址、太相寺会议旧址、梁家河知青旧址、高家湾八路军医院旧址、杨家圪台革命旧址、圪背岭宜瓦战役指挥所旧址、中山堡址、袁家沟毛泽东旧居、川口村毛泽东东渡黄河旧址、宜川县秋林第二战区长官司令部旧址景区、二战区长官部旧址、乾坤湾毛泽东旧居、宜川第二战区抗战旧址群、凉水岸河防战斗遗址、荔北战役纪念园。

三级资源点：延川永坪会议旧址、宜瓦战役宜川遗址、柳青故居、东征会议旧址。

（二）宗教文化感悟游

在陕西沿黄公路上，有许多充满魅力、名闻遐迩的宗教名胜及自然景观，如化云寺石窟、云岩寺、东营庙、庆善寺大佛殿、金龙寺塔、佛堂寺石窟等。还有以发掘宗教寺庙、宫观、教堂、塔阁以及与宗教密切相关的名胜古迹和宗教文化，包括宗教音乐、美术、建筑、雕塑、武术、美食、茶道、医药、典籍、法器、珍藏为主要内容的特殊旅游形式，开辟了宗教文化感悟游线。（图 5-4）

佛教探秘游：漫步寺院，体会佛家之缘法，让心灵接受佛教文化的洗礼。典型代表：云岩寺、化云寺石窟、金龙寺塔、佛堂寺石窟、香炉寺、韩城普照寺、南禅寺、寿峰寺、韩城庆善寺景区、福山寺、兴隆寺、玉泉寺石窟、百良寿圣寺塔、弥陀寺、上干谷圣寿寺、罗山寺塔、大象寺塔。

道教胜地游：柔弱不争，提升自我修养。典型代表：紫云观三清殿、西彭悟真观、东营庙、七星庙、玄武庙青石殿、韩城城隍庙、韩城九郎庙、关帝庙正殿、法王庙、宗常山真武庙、庙后二郎庙、玉皇后土庙、王村九郎庙、合龙山祖师庙、二郎山庙、韩蕲王庙、卧龙岗祖师庙古建筑群、三义庙、太白庙、郭庄寨三圣庙、南潘庄三义庙献殿、史带禹王庙献殿、下

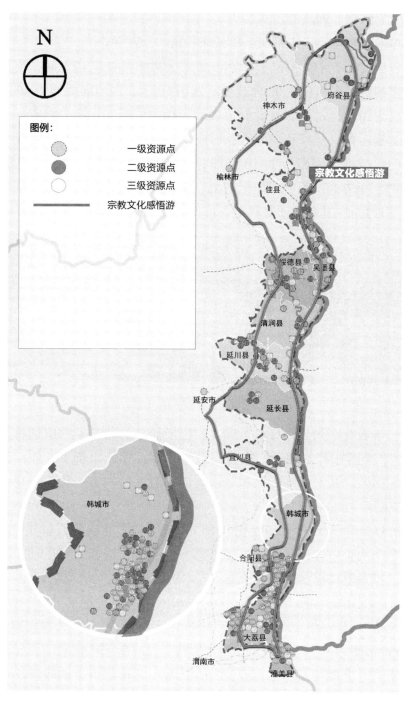

图 5-4 宗教文化感悟游路线图

干谷玉皇后献殿、郭庄府君庙。

其中一级资源点：东营庙、化云寺石窟、云岩寺。

东营庙（图 5-5）：位于韩城古城东区文庙与城隍庙之间，也称关帝庙，坐东朝西，东西长约 60 米，南北宽约 50 米，占地面积约为 3000 平方米。依次为山门、过殿、献殿和正殿。正殿内供奉着关羽、周仓、关平的塑像，北侧还有三公祠和斗母宫，形成一组古建筑群。东营庙现存主体建筑有山门、献殿、寝殿等共 10 余座计 33 间。在院内正北，建一庭院为"三公祠"，是专为祭祀"三国"时刘、关、张"三公"的庙堂，创建于雍正四年（1726），其建筑严谨规范、精巧雅致、别具一格。

图 5-5　东营庙

化云寺石窟：化云寺又名黑家寺，位于佳县刘国具乡白家铺村西北约 750 米处，坐落在郝家井则沟东边石坡上，即古化云山脚下，依山就势凿窟，坐东向西。井沟水绕寺而过，从南向北流入盐沟河。化云寺现存石窟 9 处，总面积 1200 平方米，石造像 5 尊，木雕像 5 尊，壁画 50 幅，石碑 8 通，铁钟 2 口，石香炉 2 个，还有部分石刻浮雕。化云寺石窟开凿时代久远，颇具历史价值，遗存文物虽经破坏，但石刻、造像古朴生动，浮雕工艺精巧，壁画笔法流畅，除具历史、艺术价值外，也是研究宗教史、壁画、书法及石雕艺术的珍贵文物资料。

云岩寺（图 5-6）：位于榆林市佳县县城南 1 千米的虎头峰山腰，占地面积 5000 多平方米。寺内石窟始凿于唐代，完成于宋代宣和四年（1122）。由错落有致、高低参差的 8 个窟室，古朴精巧、古色古香的殿阁以及宋代大观年间（1107—1110）的摩崖题刻，明清琉璃浮雕碑石、壁画、古柏等组成。云岩寺主窟为大雄宝殿，窟内外存留有各具特色的 48 尊摩崖石刻造像。造像大小不一，高度在25～149厘米之间，形状各异，栩栩如生。云岩寺不大，但是儒、释、道齐全，不仅是古代石雕艺术的殿堂，也是儒、释、道三大主流文化的结合处，充分地展现了佳县丰富的寺庙文化。

图5-6　云岩寺

二级资源点：白云山庙、韩城文庙、七里村石窟、庆善寺大佛殿、韩城大禹庙、北营庙、北营庙景区、金龙寺塔、合阳文庙、佛堂寺石窟、香炉寺、七星庙、韩城普照寺、南禅寺、寿峰寺、韩城庆善寺景区、玄武庙青石殿、福山寺、韩城城隍庙、韩城九郎庙、关帝庙正殿、石窟沟、法王庙、宗常山真武庙、庙后二郎庙、玉皇后土庙、兴隆寺、王村九郎庙、合龙山祖师庙、二郎山庙、韩蕲王庙。

三级资源点：玉泉寺石窟、卧龙岗祖师庙古建筑群、百良寿圣寺塔、紫云观三清殿、罗山寺塔、大象寺塔、三义庙、太白庙、弥陀寺、上干谷圣寿寺、郭庄寨三圣庙、南潘庄三义庙献殿、史带禹王庙献殿、下干谷玉皇庙献殿、西彭悟真观、郭庄府君庙、文殊新塔。

（三）特色村落度假游

依托沿黄公路及榆蓝高速，畅游4市10县（榆林市、延安市、渭南市、韩城市、佳县、吴堡县、绥德县、清涧县、延川县、延长县、宜川县、合阳县、大荔县、潼关县）古镇古村，感受美丽乡愁。自北向南，分为三段：佳县—吴堡—绥德段、清涧—延川—延长—宜川段、韩城—合阳—大荔—潼关段。（图5-7）

佳县—吴堡—绥德段：集康养健身、观光、休闲、度假、专项旅游于

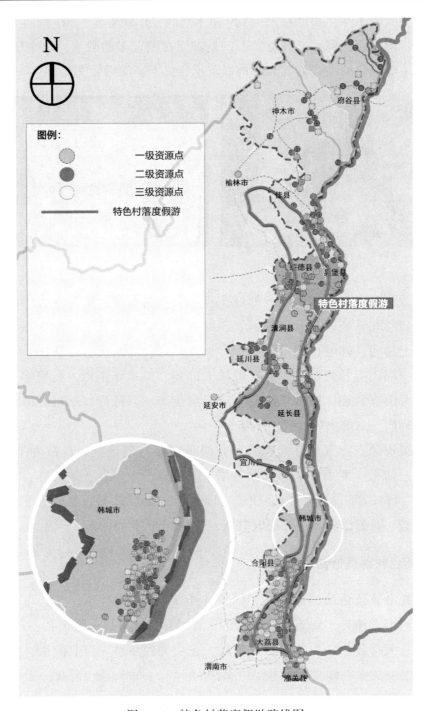

图 5-7 特色村落度假游路线图

一体的黄河风情古村漫游带。绥德县白家硷乡贺一村、佳县朱家坬镇泥河沟村、绥德县满堂川乡常家沟村、延川县文安驿镇梁家河村、绥德县满堂川乡郭家沟村、绥德县四十里铺镇艾家沟村、佳县木头峪乡木头峪村、佳县峪口乡峪口村、佳县康家港乡沙坪村、佳县佳芦镇张庄村、绥德县中角镇梁家甲村、佳县螅镇荷叶坪村、佳县螅镇刘家坪村、佳县赤牛坬民俗文化村、佳县佳芦镇神泉村、绥德县义和镇虎焉村、绥德县中角镇中角村。

清涧—延川—延长—宜川段："听延安红色故事，寻革命英雄足迹，在百年建筑中与超时空对话"线路是延安从抗争到奋斗、发展、繁荣的百年历程。清涧县高杰村镇高杰村、延川县关庄镇太相寺村、延川县贾家坪镇磨义沟村马家湾村、延长县雷赤镇凉水岸村、延川县关庄镇甄家湾村、延川县乾坤湾镇碾畔村、延川县永坪镇赵家河村、延川县乾坤湾镇刘家山村、延川县贾家坪镇田家川村上田家川村。

韩城—合阳—大荔—潼关段：学传统礼仪，探传统遗风线路。串联韩城市西庄镇党家村、韩城市芝阳镇清水村、韩城市新城办相里堡村、韩城市西庄镇薛村、大荔县段家镇东高垣村、韩城市西庄镇柳村、大荔县范家镇结草村、合阳县同家庄镇南长益村、韩城市西庄镇柳枝村、合阳县百良镇东宫城村、合阳县坊镇灵泉村、大荔县两宜镇东白池村、合阳县黑池镇南社村、大荔县朝邑镇大寨村、合阳县新池镇行家庄村、韩城市桑树坪镇王峰村、韩城市龙门镇西原村、韩城市西庄镇郭庄砦村、合阳县黑池镇黑东村、韩城市新城街道周原村、合阳县路井镇杨家坡村、韩城市西庄镇张代村等资源。

其中一级资源点：陕西省韩城市西庄镇党家村、绥德县白家硷乡贺一村、清涧县高杰村镇高杰村、佳县朱家坬镇泥河沟村、绥德县满堂川乡常家沟村、延川县文安驿镇梁家河村、小程民俗文化村、佳县木头峪乡木头峪村、韩城市芝阳镇清水村、绥德县满堂川乡郭家沟村、绥德县四十里铺镇艾家沟村。

陕西省韩城市西庄镇党家村（图5-8）：党家村位于韩城市东北方向，距韩城市城区9千米，西距108国道1.5千米，东距黄河3.5千米，主要有党、贾两族，320户人家，1400余人，始建于元至顺二年（1331），距今已有近700年的历史。党家村历史悠久，民风淳朴，因村中有123座四合院和11座祠堂、25个哨楼,以及庙宇、戏台、文星阁、看家楼、泌阳堡、节孝碑等古建筑,被国内外专家誉为"东方人类古代传统文明居住村寨的活化石""世界民居之瑰宝"。党家村古建筑群作为山陕古民居的典型杰出代表,于2008年3月28日被国家文物局列入"中国世界文化遗产预备名单"。

图5-8 陕西省韩城市西庄镇党家村

绥德县白家硷乡贺一村(图5-9):位于榆林市绥德县城东20千米处,隶属白家硷乡,是陕西省第一批入选的国家级古村落之一。该村落历史悠久,是明末清初山西朔县党氏来陕北屯田戍边而建。村落选址考究,依山就势,以窑洞为主要建筑,总面积达100余亩,是陕北高原上保存比较完整且极具特色的城堡式民宅群落。现状保存较为完整的院落共计21处,窑洞百余孔。村内党氏庄园兴建于1814年,历经六辈人的建设完善,耗时百年,终于建成竣工。

图5-9 绥德县白家硷乡贺一村

清涧县高杰村镇高杰村（图5-10）：高杰村位于陕西省榆林市清涧县县城东45千米无定河汇入黄河处。高杰村是高杰村镇所在地，是清朝以来县内知名的文化村，也是清涧的第二大村，全村有1200余人。抗战时，八路军警备3团团部驻扎于此。该村的许多村落遗址都是当年贡生举人、进士翰林及县令知州、老爷少爷们的官邸，这些充满旧式府第风范的古老园林，有的已断壁残垣，有的风貌俨然。设立在村中的高杰村中学（当年的清涧县第二高级中学）是20世纪30年代初清涧县很有影响的一所学府。从这里走出的如白雪山、白成铭、白向银、张子良等人，作为中国共产党陕北创建初期的组织者和领导者，为党和人民建立了不朽的功勋。在这所学校的感召下，白氏家族的40多位名门才子、仁人志士为中国革命英勇献身，在高杰村英烈的史册里，增添了悲壮而又辉煌的一页。高杰村，也因山灵水秀、人才济济而被称为"清涧第一村"！当代名人有白治民、白如冰、白栋材、白恩培、白明善等。

图5-10 清涧县高杰村镇高杰村

佳县朱家坬镇泥河沟村（图5-11）：泥河沟村，原名拧河口，榆林市佳县朱家坬镇下辖村，是中国传统村落，地处黄河岸边，与山西临县隔河相望，因境内有千年枣树1100余株，故有"天下红枣第一村"之称，村域面积9.81平方千米。泥河沟村落视觉景观通廊主要被两条轴线控制，寨峁山、对面山和寨则上构成的横轴如弓，由车会沟河口、水口、寨则上、后河上、龙王庙构成的纵轴如矢，形成了重重拥护、厚重幽远的景观形象。泥河沟村的单个院落居住单元基本与传统上的"一亩三分地"家宅用地规模吻合,体现了汉民族居住空间的规制特点。2014年4月,泥河沟村36亩千年古枣园被联合国粮食及农业组织列为全球重要农业文化遗产。

图 5-11 佳县朱家坬镇泥河沟村

绥德县满堂川乡常家沟村(图5-12):隶属榆林市绥德县满堂川乡,成为第三批列入中国传统村落名录的村落。常家沟村历史悠久,常家沟人是明朝大将、开平王常遇春的后裔。自古以来,常家沟人依山而住,修建窑洞,现在这里还保存了完整的窑洞建筑。常家沟四季景色不同,特色的窑洞建筑和群山相依,形成一道特殊的风景线,是中央美术学院、西安美术学院等高校的创作基地。常家沟村是有名的文化村,在近代和现代,很多战时英烈和建设时的先进人才都出自这里,米脂革命先驱常汉山就是常家沟村人。

图 5-12 绥德县满堂川乡常家沟村

延川县文安驿镇梁家河村(图5-13):梁家河村隶属延安市延川县文安驿镇,位于文安驿镇东南方向5千米处,现辖7个村民小组,总人口433户1187人,总土地面积14777亩。近年来,梁家河村人牢记习近平同志两次回梁家河亲切讲话和"四封复信"嘱托，以"传承延安精神，弘扬知青文化"为指导，围绕打造"延川·梁家河"品牌，建设美丽乡村示范基地、党员干部党性教育基地、青少年"三观"教育基地。

图 5-13 延川县文安驿镇梁家河村

小程民俗文化村（图 5-14）：陕北小程村，现属陕西省延川县土岗乡碾畔行政村。小程村与碾畔村古老的黄河地区汉文化传统积淀，和几千年来农耕自然经济男耕女织、养蚕抽丝的生产方式，形成了古老的汉族民俗与民间文化土壤。由于长期交通闭塞，几千年来形成的原生态文化得以保存至今，诸如原始宗教的避邪招魂、求雨、祭河神、谢土神、祭祖、婚嫁、丧俗与节日风俗等古老民俗，还有剪纸、刺绣、面花、民歌等，也一直延续至今，形成了一个完整的黄河原生态民俗文化村，具有鲜明的汉族传统文化特色。

图 5-14 延川县小程民俗文化村

佳县木头峪乡木头峪村（图5-15）：木头峪村，古名浮图峪，亦称浮图寨，坐落在陕西省佳县城南20千米处，东临黄河，西靠鱼山，依山傍水，林草丰茂，景色秀丽，属于典型的依山傍水型古村落。木头峪村呈南北走向，村内四合院古建筑群历史悠久，布局雅致合理，别具一格，目前保存较完整的古石窑民居有43座，均为明、清建筑，此外还保存有老祠堂、古戏楼、鱼山古庙等遗址。整体布局环抱黄河，与枣林相映，古色古香，别具特色，被誉为"典型民居""民俗文化村"。

图5-15 佳县木头峪乡木头峪村

韩城市芝阳镇清水村（图5-16）：因甜水沟泉水绕村而过，可洗可饮，故名清水村。清水村是中国传统村落。宋代末年，清水村遍布冶铁人家，炉院所铸犁铧因铁质优良、做工精细而远近闻名，其工匠均为薛姓，又称铧薛。清水村在吕庄川尽头，芝水、甜水沟水、遂水三水汇集，绕村而过，滋养着大地万物。传统村落的合理布局，在清水村得以完美呈现。村子依

图5-16 韩城市芝阳镇清水村

地形而建，呈阶梯式分布，北高南低，以大庙（戏台广场）为中心，五条主巷道向四方延伸，亦有数条小巷分支。三水绕村，三寨镇守，风水极佳。村子东南、西南、正北方向高处，分布着三个古寨堡，易守难攻。清水村还是一个红色村庄。1932年，中共韩城中心县委在清水村成立。1935年，陕甘游击队清水枪械厂建成。薛和昉等共产党人随后成立了中国工农红军第二十六军韩城游击队，为新中国的建立贡献了力量。

绥德县满堂川乡郭家沟村：位于距离榆林市绥德城东17千米的满堂川乡，郭家沟村代表了古老的陕北农村形态，窑洞分布密集，保存比较完整。村落建筑均为插花石墙，层层叠叠、错落有致、风格独特，彰显着厚重的陕北黄土文化和传统民俗文化。每个院落都有围墙大门、二门，院内有枣树、槐树、榆树，有石磨、石碾、石板院子、石床、石槽等，彰显着独特的韵味。郭家沟是一个有560多人的小村，村民多半姓郭，是名副其实的郭家村，极具古代大家族聚居特色。据说，郭姓先祖弟兄二人是从山西洪洞县枸杞子畔移居而来的。郭家沟村建于嘉庆十三年（1808），距今已有210多年的历史，成为第三批列入中国传统村落名录的村落。

绥德县四十里铺镇艾家沟村：艾家沟村隶属榆林市绥德县四十里铺镇，2016成为第三批列入中国传统村落名录的村落。

二级资源点：佳县佳芦镇神泉村、韩城市新城办相里堡村、佳县峪口乡峪口村、佳县康家港乡沙坪村、佳县佳芦镇张庄村、韩城市西庄镇薛村、大荔县段家镇东高垣村、韩城市西庄镇柳村、大荔县范家镇结草村、合阳县同家庄镇南长益村、延川县关庄镇太相寺村、延川县贾家坪镇磨义沟村马家湾村、佳县螅镇荷叶坪村、韩城市西庄镇柳枝村、合阳县百良镇东宫城村、延长县雷赤镇凉水岸村、延川县关庄镇甄家湾村、合阳县坊镇灵泉村、绥德县中角镇梁家甲村、大荔县两宜镇东白池村、延川县乾坤湾镇碾畔村、合阳县黑池镇南社村、延川县永坪镇赵家河村、绥德县义和镇虎焉村、大荔县朝邑镇大寨村、延川县乾坤湾镇刘家山村。

三级资源点：佳县赤牛圪民俗文化村、绥德县中角镇中角村、合阳县新池镇行家庄村、韩城市桑树坪镇王峰村、佳县螅镇刘家坪村、韩城市龙门镇西原村、韩城市西庄镇郭庄砦村、合阳县黑池镇黑东村、延川县贾家坪镇田家川村上田家川村、韩城市新城街道周原村、合阳县路井镇杨家坡村、韩城市西庄镇张代村。

(四) 科普研学体验游

以陕西沿黄沿线丰富的文物古遗迹资源、森林生态环境、现代农业种植生产基地、名胜景区为依托，开展文化研学、科普教育、生态科普、历史研学、采风摄影、夏令营、冬令营等旅游项目，将旅游、学习、亲子互动和生活体验整合在一起，构建"营地式教育"旅游新模式，形成了"旅游+教育"相关新业态、新要素。重点推出以党家村古建筑群、府州城、司马迁墓和祠、潼关故城、麟州故城、龙门书院等为依托开展文化研学旅游；以文安驿城址、会峰寨寨址、嵬东司马氏族建筑群、王峰寨古建筑群、泗州城遗址等为依托开展科考研学旅游；以合阳县福山景区、宜川蟒头山国家森林公园景区、黄河乾坤湾景区等山地森林生态环境为依托开展生态研学等，开展多元化生态科普研学体验游。（图 5-17）

其中一级资源点：党家村古建筑群、府州城、司马迁墓和祠、潼关故城、麟州故城、文安驿城址、东营庙、吴堡石城、云岩寺、会峰寨寨址。

府州城（图 5-18）：位于榆林市府谷县府谷镇，是北方保存较为完整的石头城和陕西重要的宋城遗址。同时也是中国将门第一城、忠勇之城、大义之城。一千多年来，府谷的历史围绕府州城跌宕起伏，独特的府谷文化伴随着府州城不断积淀。千年府州的文化历史，很难避开折家将。北宋时期，世代镇守府州的折家将在府谷历史上留下了浓墨重彩的一笔。折氏家族属党项羌民族，从唐武德初迁居府谷起，五代至宋末，历时 500 余年，其子弟多为武艺娴熟、跃马弯弓之健儿。他们世代为抵抗外来民族的进攻，保卫封建王朝立下了汗马功劳，他们的事迹在民间广为流传。府州折氏家族的成员参加了有宋一代几乎所有的大的军事行动。从宋初协助太祖、太宗攻克北汉，到以后抗辽、抗西夏、抗金战争，到处都可以见到折氏成员的踪迹。府州 14 位折氏知州，有 12 位都经历过战争历练。世守边庭、精忠报国，在历史长河中逐渐形成了忠勇爱国的折家将精神。这种精神的流传就是府谷文化的一种基因、一种素质、一种品格，更是一种生存和发展方式，体现着府谷人民的生命力、创作力和凝聚力。这种精神，已经成为府谷的一种文化符号，历经岁月积淀，已经演化成新时期"宽厚、务实、争

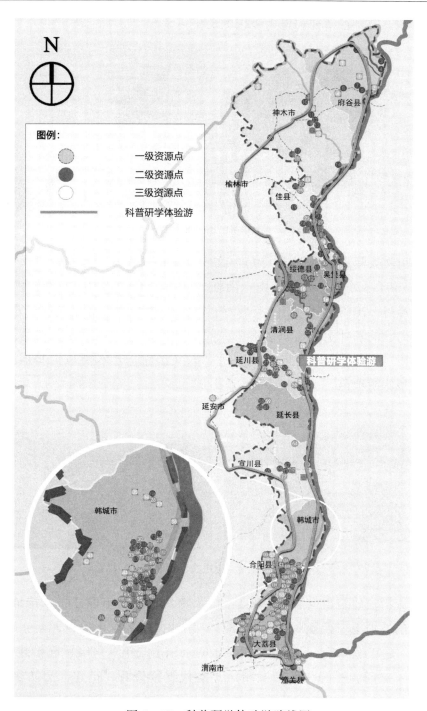

图 5-17 科普研学体验游路线图

先、共享"的府谷精神和忠勇爱国的历史传承。

图 5 – 18 府州古城

延川文安驿古镇（图 5 – 19）：文安驿古镇位于延安市东北部，延川县城西北 15 千米处，北靠文安山，南临文安河，国道 G210 和长延高速从古镇南侧穿过。2018 年的"五一"劳动节之际，文安驿古镇文化园初步建成，在古镇街巷的基础上，复原修建了大片的"窑居"建筑群落，成为一处集精品住宿、特色餐饮、主题文化展示和人文体验、艺术家写生基地于一体的复合型旅游项目。

图 5 – 19 延川文安驿古镇

党家村古建筑群（图 5 – 20）：位于陕西省韩城市西庄镇，选址于水、塬之间的坡地上。元至顺二年（1331）始建，初名东阳湾，元至正二十四（1364）更名党家湾，后称党家村。于明永乐十二年（1414）起扩建，界划出长门、二门、三门住区与发展区。清代继续修葺、扩建，为防御匪盗，筑上寨沁阳堡，主要居民为党、贾二姓族人。2001 年，党家村古建筑群作为明清时期的古建筑，被国务院列为全国重点文物保护单位；2003 年入选中国历史文化名村（第一批）名单，被列入"国际传统民居研究项目"。英国皇家建筑学会查理教授说："东方建筑文化在中国，中国民居建筑文化在韩城。"

图 5-20　党家村古建筑群

党家村古建筑群，全村结构由巷道组成。主巷为东西走向，穿村而过；次巷、端巷与主巷连接，并符合地形排水方向。巷道地面一律石墁，断面凹形，交通与排水共用之。巷道与院落布局按风水说"盖以街巷作水论"，采用"巷不对巷""门不对门"的方式，并于村口设一水口。现存民居群由村、堡组成，共计宅院120余座（其中祖祠12座），房屋近千间，宅院均为四合院布局。建筑或构筑物类型主要包括塔（40米高的7级六边形文星塔）、碑、楼、巷道、祠堂、宅院等，还有清末建造的寨墙和村中用于守望的看家楼1座。建筑艺术类包括大量精巧的木雕、砖雕、石雕及门额题词等。该村是韩城地区保留较好、具有一定代表性的传统村落。

陕西省神木市高家堡镇（图 5-21）：高家堡镇位于神木市中部，距县城100千米。高家堡古城，唐属丰州地，旧称飞鸦川、弥川。该城平面呈长方形，东南墙长约311米，南北墙长约431米，残高6.5~9.1米，基宽7.52米。城墙上部建有1米高的女墙，间有垛口、瞭望洞。北城头修有三官楼，东南角建有魁星楼。现除魁星楼、女墙、垛口、瞭望洞被破坏外，其余的均保存完好。另东、南、西墙各辟一卷门，并筑有瓮城，现城门的敌楼、瞭望台和南门已被破坏。

高家堡古城是神木市乃至整个陕北较为完整的一座城堡，且有独具特色的保护价值，神木市人民政府已拟定将该城列为重点文物保护单位。新

图 5-21　陕西省神木市高家堡镇

旧榆神路及神佳路穿镇而过,与古十路、金沟路、李阳路交织全镇。

高家堡历来是边塞重镇,也是榆神间的商贸文化大镇,文化古迹颇多,其中著名的有新石器时代的石峁山文化遗址、唐代的幽陵府、万佛洞、千佛洞、红崖石刻,明清时期的中兴楼、十字街、京式四合院等。

潼关故城(图 5-22):位于陕西省渭南市潼关县北。潼关因位于关中平原东部,地处黄河渡口,雄踞秦、晋、豫三省要冲之地,是汉末以来东入中原和西进关中、西域的必经之地及关防要隘,历来为兵家必争之地,素有"三秦锁钥""四镇咽喉"之称。潼关作为关隘而筑关城始于东汉末年,当时关城建在麟趾原上,隋代南移数里。唐天授二年(691),于黄河南岸建潼关城,依山傍河,据险而守。宋、金、元代仍在唐潼关故址修复关城,依险设防。明、清因袭之,并修缮扩建。现存潼关故城址,即为明洪武年间所建潼关城之遗存。其平面呈不规则长方形,东西长 2.5 千米,

图 5-22　潼关故城

南北宽约 2.5 千米。北城垣较笔直，然已被黄河冲毁不存，残存东、西城垣北段。潼关故城在民国前期保存尚好。抗日战争中，因与日军夹河而峙，遭日军炮击轰炸，损毁严重。1959 年修建三门峡水库，潼关县城搬迁，城门建筑与部分城垣被拆除。

文安驿城址（图 5-23）：文安驿位于延川县城西 15 千米处，距延安市 50 千米，紧临 210 国道。文安驿古镇始建于西魏大统三年（537），设文安郡和文安县，距今已有 1400 多年的历史，明清时期是陕北地区规模较大的驿站和繁华的贸易集镇。走进古镇，牌坊高耸，石径曲回，古风古韵尽入眼帘。悠久的历史为文安驿留下了古城墙、古书院、古道驿站、烽火台、魁星楼等众多文化遗址。

图 5-23　文安驿城址

韩城市梁带村芮国遗址博物馆（图 5-24）：梁带村隶属韩城市西庄镇，位于市区东北 7 千米黄河西岸的台地上，紧临黄河。在梁带村及其附近地区发现两周时期的大型贵族墓葬群，是我国春秋早期保存最完整的高等级贵族墓地。遗址东西长 600 米、南北宽 550 米，总面积为 33 万平方米。大面积勘探后共发现两周墓葬 1300 座、车马坑 64 座，其中大型墓葬 7 座，出土文物上万件。通过实物资料，我们依稀可以感受到芮国曾经的辉煌鼎盛。此遗址是陕西近 30 年最具影响力的考古发现，荣获 2005 年"全国十大考古新发现"称号，被国务院公布为全国重点文物保护单位。

2013 年启动了遗址公园博物馆及游客中心主体建设工程，博物馆主体为三层混凝土框架结构，建筑面积为 16938.88 平方米，其中展厅面积约 6000 平方米，一层为设备用房、影视厅、临时展厅和专题展厅；二层为报告厅和基本陈列；三层为文物库房、文保研究和行政办公区。游客接待中

图 5-24 韩城市梁带村芮国遗址博物馆

心为一层混凝土框架结构，建筑面积 3441 平方米，配套进行的旅游基础设施建设范围约为 86.7 万平方米，包括入口广场、生态停车场、露天剧场、星级厕所、消防道路、景观绿化、给排水、博物馆周围水系、音乐喷泉、博物馆及游客服务中心内装饰等内容。

二级资源点：大荔县八鱼石墓博物馆、韩城市博物馆、毓秀桥、凯歌楼、嵬东司马氏族建筑群、王峰寨古建筑群、泗州城遗址、周原张氏民居群、高原寨堡址、堡安古建筑群、井溢古建筑群、韩城古街房10号、合阳县福山景区、合阳千金塔、韩城大禹庙、石堡寨、岱祠岑楼、高家堡古城、杨震廉政博物馆、合阳文庙、绥德疏属山景区、李氏家族墓地、福山寺、镇羌堡城址、韩城九郎庙、梁带村遗址、关帝庙正殿、延一井旧址、天台山庙、神木白氏民居、宜川城墙遗址、绥德县文化广场、宜川蟒头山国家森林公园景区、绥德党氏庄园、王村九郎庙、扶苏墓、蒙恬墓、二郎山庙、李家崖城址、石摞摞山遗址、大保当城址及墓群、寨峁遗址、石峁遗址、清涧县路遥书苑景区、中山堡址。

三级资源点：蒙汉合文碑、李有源故居、柳青故居、百良寿圣寺塔、韩城图书楼、紫云观三清殿、红碱淖旅游景区、万盛园酱菜博物馆、龙门书院、黄河乾坤湾景区、嘉平陵、佳县城墙、神疙瘩山遗址、寨则湾古寨遗址、辛庄遗址、韩城高家祠堂、东高明堡址、丁家五合祠、韩城解家民居、韩城苏家民居、邓家寨寨址、龙王辿遗址、扶荔宫遗址、永丰昌（酱园）旧址、黄羊村遗址、下干谷玉皇庙献殿、甜水沟遗址、杨震家族墓地、紫冯遗址、牛北遗址、潼关汉城遗址、大荔洛渭漕渠遗址、南寨遗址、十二连城烽火台遗址、灵井遗址、梁家遗址、潼关城遗址、东高垣城堡。

(五) 农业观光休闲游

挖掘地区农业资源,以区域内大荔平罗农业公园、大荔中节能光伏农业生态园景区、绥德县绿源休闲生态园、府谷县木瓜园堡、绥德县创新现代农业园区等农业基地为依托,开发生态农业休闲游、农事农耕体验游。沿途有古村、古寨等旅游接待点,与农业种植、采摘相结合,打造农业休闲观光基地。在采摘节、风筝节,体验采摘农业、农耕等休闲为主要内容的农业活动。(图5-25)

其中一级资源点:丰图义仓。

丰图义仓(图5-26):丰图义仓位于陕西省大荔县城东17千米处朝邑镇南寨子村。清光绪八年(1882),由东阁大学士阎敬铭倡议修建的民办粮仓,历时四年竣工,占地面积约11039平方米,仓外筑外城,高7.7米,西有城门,东开小门,城外筑城挖壕,固若金汤。仓库像一座壁垒森严、历经沧桑的军事古城堡,坐北向南,高14.89米,东西长133米,南北宽83米。仓壁用大砖环砌周垣,南面洞开东仓、西仓两门,中部照壁上镶有"丰图义仓"4个石刻大字。它是中国所存无几的清代大型粮仓之一,无论从建仓规模,还是从储粮历史,或者是从古仓今用方面讲,都无愧于"天下第一仓"的称号。

丰图义仓的主体建筑是一座以砖结构为主的窑群式仓城,外观酷似一座古城。仓库建于仓城墙体之内,环内城一周排列窑洞58孔,每窑可储粮90吨,共可储粮5200吨。仓城外又围有土筑寨墙,墙外有城壕。仓寨占地4.5万平方米。北仓城上中部建有仓楼一座,为紫阳仓祖朱文公祠,城内所有建筑均为清光绪年间所建。岁月流转,沧桑巨变,丰图义仓自1885年竣工至2012年,历经一百多年风风雨雨和战火洗礼,仍然保存完好,雄风长存,并一直储藏着粮食,有意义地发挥着为民储粮、安定一方的保障作用,对当地的经济建设、社会稳定做出了巨大的贡献。据《丰图义仓志》记载:"回忆辛丑赈济,全活无算,无不归功斯仓。"足见该仓不论是在清朝晚期,还是民国时期,都在储存粮食和解决粮食危机、救助灾民于水火

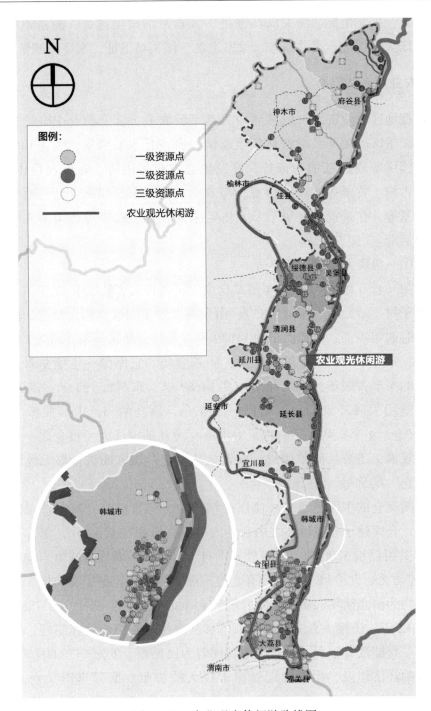

图 5-25 农业观光休闲游路线图

图 5-26　丰图义仓

方面有着不可磨灭的功劳，特别是在支援解放战争中发挥了保障军需的重要作用。

二级资源点：洽川景区、神木陕北民俗文化大观园。

三级资源点：大荔县福佑古寨景区、佳县赤牛坬民俗文化村、同州湖、红碱淖旅游景区、大荔中节能光伏农业生态园景区、大荔新茂天地源生态农场、绥德县绿源休闲生态园、韩城市神农现代农业园区、大荔新堡月季文化产业园景区、府谷县木瓜园堡、绥德县创新现代农业园区、大荔平罗农业公园、大荔畅家田园综合体景区。

（六）黄河风情探险游

以黄河为纽带，串联沿黄景点，领略、体验"黄土、黄河文化"。依托景点特色划分四大主题，开展黄河风情探险游。（图 5-27）

（1）大黄河名胜之旅，遍览黄河雕凿的奇观。这条线路以沿黄流域名胜风景为主题，主要以名胜奇观类景观为主。典型代表：府谷县神龙山景区、红碱淖旅游景区、佳县大美石窟景区、佳县白云山景区、神木市碧麟湾景区、清涧县北国风光景区、清涧县太极圣境景区、司马迁祠景区、合阳县福山景区、洽川景区。

（2）大黄河峡谷之旅，惊叹黄河两岸的壮美。这条线路以黄河峡谷旅游为主题，主要以黄河流域峡谷风光景观为主。典型代表：吴堡县黄河二碛、黄河乾坤湾景区、黄河壶口瀑布景区、绥德县上河源景区、潼关黄河古渡口景区。

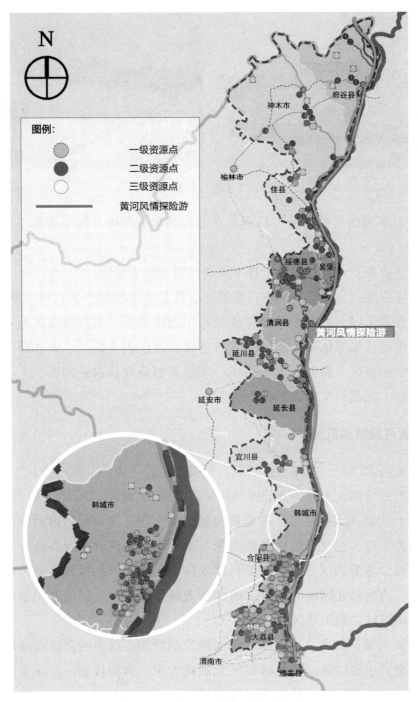

图 5-27 黄河风情探险游路线图

(3) 大黄河湿地之旅,漫步飞鸟徜徉的天堂。这条线路以黄河湿地旅游为主题,主要以黄河流域湖泊、湿地风光、生态旅游区景观为主。典型代表:府谷县高寒岭人文森林公园、同洲湖、坤元庙生态风景区、岳渎·牡丹园景区、秦王寨马刨泉。

(4) 大黄河度假之旅,体验黄河岸边的悠闲。这条线路以黄河旅游休闲度假为主题,结合黄河流域名胜风光、风景旅游区、自然保护区等景观。典型代表:云岩寺、神木市二郎山景区、绥德县郝家桥景区、宜川蟒头山国家森林公园景区、韩城市晋公山滑雪场、象山森林公园、王村景区、大荔县福佑古寨景区、龙门钢铁景区、初心公园景区、延川路遥故居景区、神木市杨业公园、灞岭休闲山庄。

其中一级资源点:司马迁祠景区、麟州故城、云岩寺、会峰寨寨址。

司马迁祠景区(图5-28):司马迁祠景区位于陕西省韩城市芝川镇东南,是西汉著名史学家、文学家司马迁(前145—前90)的墓和祠。据碑文记载,自西晋永嘉四年(310)汉阳太守殷济为司马迁修墓建祠始,宋、金、元、明、清历代曾多次对其进行保护修葺。

图5-28 司马迁祠景区

司马迁祠墓建筑群自坡下至顶端,依崖就势,层递而上。登上顶峰,可东望滔滔黄河,西眺巍巍梁山,南瞰古魏长城,北观芝水长流。壮观的自然形势和秀丽的风光,映衬出司马迁高尚的人格和伟大的业绩。

祠院占地4.5万平方米,内有牌坊、山门、献殿、寝殿、墓冢等,其中寝殿和山门为宋代木结构建筑遗存。寝殿内供奉司马迁坐像。寝殿后的司马迁墓位于全祠最高处。祠内还有献殿内的碑碣64通，保存完好。

司马迁墓，即韩城古八景之"太史高坟"，现存墓冢为砖砌蒙古包形状，相传为元世祖忽必烈下令修建，体现了古人"事死如事生"的传统。墓冢高约3.08米，周长18米，墓顶有一古柏，枝分为五，人称"五子登科柏"。墓冢周围嵌以八卦及花卉砖雕图案，其"八卦"象征了司马迁"究天人之际，通古今之变"的终极探索，因而司马迁墓也称"八卦墓"。

会峰寨寨址（图5-29）：位于延安市延川县土岗乡牛家山村。会峰寨巍峨险峻，东临黄河天堑，西南两侧濒临寨河深谷，四面悬崖突兀，峭壁嶙峋，仅西北有一条狭隘的崾崄为径与山寨相通。此寨沟深垒高，山环水抱，形如虎踞，势若龙盘，易守难攻，固若金汤。会峰寨东南侧岩壁有处背斜褶皱，岩层呈波状弯曲，是地质构造运动形成的陕北单斜翘曲构造的见证；山麓北侧峭壁上遗存一行神秘文字，难以破解，被人们称为"摩崖天书"，诸如此类远古先民的胜迹，在山寨附近多有隐约显现，无疑是黄河文明的印证；山寨存留残房、破庙、石碑、石桥、石碾、石磨等遗迹遗物，是先民藏身避难之所的明证，是古代战乱频仍的明证。在此观景览胜，油然生出一股"黄河流日夜，代谢成古今"的沧桑之感！

图5-29 会峰寨寨址

二级资源点：香炉寺、合阳县福山景区、韩城大禹庙、佳县白云山景区、梁带村遗址、关帝庙正殿、洽川景区、绥德县郭家沟影视基地景区、韩城隍庙古文化街区、潼关黄河古渡口景区、宜川蟒头山国家森林公园景区、神木市二郎山景区。

三级资源点：大荔县福佑古寨景区、绥德县郝家桥景区、清涧县北国风光景区、龙门钢铁景区、秦王寨马刨泉、象山森林公园、王村景区、坤元庙生态风景区、岳渎·牡丹园景区、韩城市晋公山滑雪场、府谷县高寒岭人文森林公园、王峰景区、初心公园景区、府谷县神龙山景区、延川路遥故居景区、绥德县上河源景区、清涧县太极圣境景区、神木市杨业公园、佳县大美石窟景区、灞岭休闲山庄、弥陀寺、黄河乾坤湾景区、黄河壶口瀑布景区、吴堡县黄河二碛。

第六章 陕西沿黄遗产资源旅游品牌构建

一、品牌名称

品牌（Brand），兼有烙印、商标的意思。美国营销协会对品牌的定义为："品牌是一个名称、术语、符号或图案，或它们的相互组合，用以辨认销售者与销售者之间的商品或服务，并使之与竞争对手的商品或服务区别开来。"[84]作为全球最大的新兴市场国家，我国已将品牌战略提高到国家战略层面，构建具有国际影响力的品牌已成为企业和政府追求的重要目标。[85]建设品牌首先是要确定其名称，按照大卫·艾克和黄合水等人的品牌资产的观点，品牌名称是对外推广、宣传的品牌体系名称，与产品类别、产品质量以及关联物等要素联结，进一步产生了"品牌资产"。品牌名称作为品牌资产的核心要素之一，必须要加以足够的重视，因为它决定了品牌资产构建的速度和进一步扩大品牌资产的可能性。根据陕西沿黄遗产资源的特点，从品牌的核心价值出发，同时兼顾一定的品牌延伸性、地域性和受众的易接受程度等因素，建议以"陕西沿黄遗产旅游品牌"为品牌名称。该品牌名称包括商品属性、地域、性质等关键要素，清晰明了，并与其他文化品牌拉开距离，便于理解、记忆和识别，也便于IP形象建立和宣传推广。

二、品牌理念

黄河是中华民族的母亲河，是中华文明的发祥地之一。陕西沿黄遗产旅游品牌伴随着豪迈奔腾的黄河，途经5市11县，168处文物保护单位、71处高等级旅游景区和47处传统村落串联起来，使之成为沿黄地区一体化发展丰富且深厚的自然资源和文化资源优势基础。为了让消费者更好地了解这些资源优势，在全域旅游背景下以不同主题规划红色革命教育游、宗教文化感悟游、特色村落度假游、科普研学体验游、农业观光休闲游和黄河风情探险游共计六类主题游线，为不同的游客提供不同的选择，以此来吸引更多消费者的关注，只有消费者关注品牌，才使得对品牌保持忠诚度成为可能。

陕西沿黄遗产旅游品牌必须紧紧围绕"黄河文化"这一核心，充分整合各类优质资源，深挖黄河文化蕴含的时代价值，讲好黄河故事，延续历史文脉，坚定文化自信，并不断完善基础设施、提升服务水平和管理能力，才能吸引游客走进陕西沿黄旅游带，体验黄河风情，感受黄河流域的特色景观。提高"陕西沿黄遗产旅游品牌"的忠诚度，就必须从游客的需求出发，让游客在领略陕西沿黄文化遗产特色魅力的同时为游客提供舒心、愉悦、新颖的旅游体验，从而吸引全世界的人来陕西沿黄地区感受、体验黄河文化，促进区域产业融合，带动区域经济、社会、文化健康发展。

三、品牌定位

品牌定位包括市场定位、价格定位、形象定位、地理定位、人群定位和渠道定位等。著名营销大师菲利普·科特勒在接受中央电视台采访时曾说，占有低端市场意味着收益降低并时常面对价格的压力，而占领高端市场则能通过品牌力量来吸引和维持消费者，从而获取较高的利润。[86]所以，如果想要实现黄河流域生态文明与高质量发展并驾齐驱，陕西沿黄遗产旅游品牌必须占领旅游的中高端市场，才能实现利润的最大化，从而通过合理开发遗产资源实现对遗产本体的保护与反哺。陕西沿黄遗产旅游品牌根据其品牌理念定位为中高端旅游市场，结合规划主题和陕西沿黄遗产资源特征，在陕西沿黄遗产旅游品牌下设陕西沿黄红色革命品牌、陕西沿黄宗教文化品牌、陕西沿黄特色村落品牌、陕西沿黄科普研学品牌、陕西沿黄农业观光品牌和陕西沿黄黄河风情品牌这6个子品牌，形成品牌体系（图6-1）。给陕西沿黄遗产旅游品牌进行画像，便于针对不同消费人群和旅游市场进行推广，体现了"陕西沿黄遗产旅游品牌"的独特个性和系统优势，便于消费者与品牌之间建立长期、稳固的关系，能够为"陕西沿黄遗产旅游品牌"的旅游规划、营销计划和推广策略指引方向。

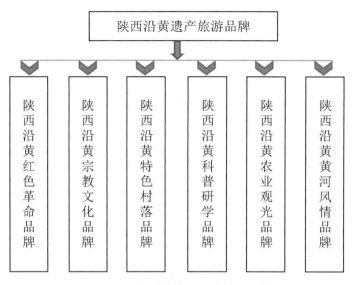

图 6-1 陕西沿黄遗产旅游品牌体系

四、品牌标识

(一) 品牌标识分析

一个品牌的成功不单需要丰富的吸引要素，更需要可以使消费者有记忆刺激的品牌形象，即标识符号。一个完整的视觉标识图案主要由图形、名称、颜色及宣传标语等共同组成。游客在看到此类标识形象的第一眼便可以理解并产生印象，继而产生想要前去一探究竟的冲动。令消费者最直观的品牌标识，是品牌价值和文化的象征。

以大运河申遗形象标识为例，渐变的蓝绿色是整个标识的主色调，体现了水的效果；标识上端为弧线形排列的"THE GRAND CANAL OF CHINA"（中国大运河）英文单词，主体图案是一个草书的"运"字。圆形象征地球，给人以无限的空间感。草书的"运"形成漕舫船的形态，整个字体造型如漕舫船扬帆远行，代表中国的漕运文化。而运河水道又赋予整个画面动感效果，漕舫船的背景是中华大地与大运河，把运河水的波澜与沿线的城市有机结合，用完整的图标涵盖了运河两边广袤的中国大地，寓意着大运河之水奔腾不息，文化源远流长。

类似的还有大运河旅游标识、长江三峡旅游标识、黄浦江游览标识以及长城遗产标识等。它们都是由简单凝练的文化特征图形、中英文名称、亮点色彩共同组成,图形简易、主题明显、寓意深刻、形象生动。

(二) 陕西沿黄旅游品牌标识构建

对于陕西沿黄遗产旅游品牌的视觉形象设计,分为3个层次,首先是对陕西沿黄遗产旅游品牌的总体定位,其次是对遗产文化符号的设计元素提取凝练,最后就是具体的视觉形象设计手法。

陕西沿黄遗产旅游的总体定位,处于整个品牌设计的领先地位。在前文所提到的6个子品牌定位的基础上,总体定位属于组合定位,即以各景区形象品牌为基本要素,共同构建大区域下完整的品牌形象,以期达到互补协作、相辅相成的效果。而文化符号的提取则是将陕西沿黄的历史文化、风景名胜、民风民俗等诸多形象化的特征,用具象的视觉语言表达出来。注意要在陕西沿黄诸多的形象特征中选取极具地方特征的文化符号,进行文化特质的凝练。

基于上述分析,陕西沿黄遗产旅游品牌的重点在于"黄河文化"的体现,将陕西沿黄的人文特点和地形地貌进行元素提炼和整合,开发出一套具有陕西沿黄风情的符号,如颜色、图形,将这些元素运用到品牌标识上,设计出一套"陕西沿黄遗产旅游品牌"特有的标识,应用到各种传播和宣传媒介上。陕西沿黄遗产旅游品牌形象标识(图6-2)整体是由两个同心圆构成,大圆与小圆共同构成的圆环中,上端中部写着"陕西沿黄遗产",与之对应的下端中部写着"Shaanxi Yellow River Heritage",点明主题。小圆内部是运用设计手段将乾坤湾(黄河著名景点)、沿黄公路(榆林段)、黄河落日和黄土高原等元素进行提取、变形、重组后共同构成的标识的主体部分。左边是连绵起伏的山势地形,中间是蜿蜒曲折的沿黄公路,右边是逶迤磅礴的黄河,形象地将陕西沿黄公路的穿山跨壑同黄河蜿蜒并行的波澜壮阔的姿态表现出来,同时又寓意着黄河之水奔腾不息、沿黄遗产文化源远流长。标识的主色系为橘色,提取自落日黄河,配色系确定为橘色的互补色蓝色,增强标识的视觉冲击力,提升表现力。

基于陕西沿黄遗产资源的多样性,从资源特征的角度对陕西沿黄遗产

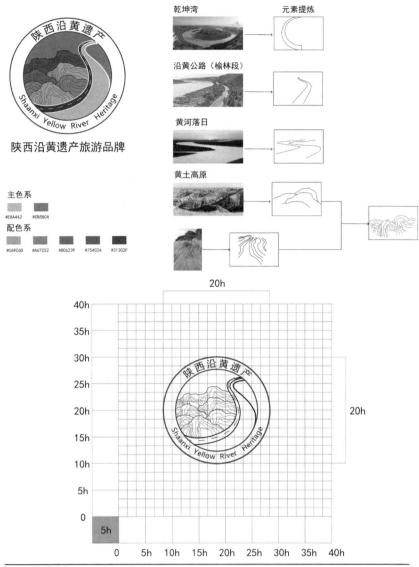

注：h为一个基本计量单位，标识的高在网格中占用了20h，标识的宽在网格中占用了20h。

图6-2 陕西沿黄遗产旅游品牌形象标识

旅游品牌进行子品牌延伸，丰富品牌内容，引导游客有针对性地游览。依据上文对陕西沿黄遗产旅游品牌的定位，下设的陕西沿黄红色革命品牌、陕西沿黄宗教文化品牌、陕西沿黄特色村落品牌、陕西沿黄科普研学品牌、陕西沿黄农业观光品牌和陕西沿黄黄河风情品牌，分别提取陕西沿黄遗产资源中与各类子品牌对应的文化元素进行设计,形成子品牌形象标识,与陕西沿黄遗产旅游总品牌共同构成品牌形象标识系统(图6-3)。

图6-3 陕西沿黄遗产旅游品牌标识体系

五、品牌推广

(一) 推广路径

优秀品牌的塑造需要用4个步骤来完成:构建清晰的品牌标识;创建独特的品牌内涵;引导正面的品牌反应;建立消费者与品牌之间的共鸣关系。根据凯勒的观点,以上4个步骤有赖于构建品牌的6个维度,即显著性、绩效、形象、评判、感觉和共鸣。其中,品牌标识对应显著性,品牌内涵对应绩效和形象,品牌反应对应评判和感觉,品牌关系对应共鸣。因此,陕西沿黄文化品牌推广可通过以下4个途径实现:

1. 品牌标识

通过创建基于消费者的品牌显著性来建立正确而清晰的品牌标识。品牌显著性又与如下问题紧密相关,比如该品牌在不同情境下能够被消费者提及的难易程度和频次。因此,品牌的显著性在于能否被消费者轻易认出且品牌知晓度高不高。

第一,建立体系。一方面,陕西沿黄观光品牌需要建立自己的视觉识别系统(VIS,Visual Identity System),作为旅游业的VIS,应在品牌名称、品牌标识的基础上,确认标准字、标准色彩、象征图案、组和应用以及企业标语口号等内容,给游客专业化、可信赖的感觉,这是品牌显著度提升的基础。另一方面,保证品牌一致性,避免品牌出现杂乱的现象,从而引起品牌贬值。

第二,明确定位。只有明确了定位后,才能为该品牌后续发展提供战略目标。此外,明确的品牌定位能让消费者清晰了解到该企业的服务功能,为消费者提供选择。而且,企业在营销过程中能够根据具体的定位来确定营销策略和营销方向,如"陕西沿黄遗产旅游品牌"的策划过程中确定的旅游观光、历史文脉、农耕文明、民俗风情、建筑聚落、遗址遗迹这六类品牌定位,体现了"陕西沿黄遗产旅游品牌"这一品牌的独特个性和差异化优势,能让消费者真正感受到品牌的优势和特征,从而与消费者建立长期的、稳固的关系,为"陕西沿黄遗产旅游品牌"的旅游规划和营销计划指引方向。

第三,加大推广。在互联网时代,通过网络推广可以让更多的人知道品牌,从而得到更多的潜在客户。①数据分析。利用数据分析,做好定位,先对全域旅游业进行分析,再对自身的品牌和竞争对手的品牌做好分析。找准消费者群体和消费者的属性,根据消费者的需求,结合陕西沿黄遗产资源特色,来完善旅游规划,做出满足消费者需求的旅游产业以打入市场。②品牌初期塑造。根据三秦特色,先布局好网站的风格内容,最好是营销型网站,然后在网站上上传发布"陕西沿黄遗产旅游品牌"信息,展示品牌特色,通过网站优化行业关键词排名、品牌关键词去获取目标流量,这样用户才更容易看到"陕西沿黄遗产旅游品牌"信息,进而看到品牌特色,从而产生良好印象。③用百度百科打造权威形象。创建百科名片,容易让用户对"陕西沿黄遗产旅游品牌"产生信任感,留下好印象。④软文推广。企业可以让自己的运营团队或者请外包公司撰写关于陕西沿黄旅游的软文发布到自媒体平台上,促成品牌的传播,提升品牌知名度,获取大量的行业精准流量。

2. 品牌内涵

通过创建较好的品牌形象来建立独特的品牌内涵，满足游客在社会或心理上的需求。"陕西沿黄遗产旅游品牌"旅游线路是以主题划分的红色革命教育游、宗教文化感悟游、特色村落度假游、科普研学体验游、农业观光休闲游、黄河风情探险游这六类主题游。这就是陕西沿黄观光个性品牌内涵，与其他旅游品牌最大的不同，是游客可以按照自己的需求自主选择。

消费群体有三类：一是省内游客，他们交通方便，回头率也高；二是省外游客，他们选择的路线通常比较长；三是国外游客，他们来游玩多半都是被黄河特有的自然风光吸引，为黄河文化所折服。针对省内游客推荐农业观光休闲游、特色村落度假游；针对省外游客推荐红色革命教育游、宗教文化感悟游、科普研学体验游；针对国外游客推荐特色村落度假游、宗教文化感悟游、黄河风情探险游。

3. 品牌反应

通过调查问卷的方式衡量游客对品牌的可信度、优越性、质量等方面的看法，着重分析游客对品牌产生的"激动""热情""自尊""社会认可"等感性行为，以便引导其产生积极正确的"陕西沿黄遗产旅游品牌"反应。

品牌反应部分分为品牌判断和品牌体验，重点为品牌体验。品牌体验部分包括广告、设施、服务、售后等方面，同时又分为情感体验、感官体验、行为体验、思维体验等要素。①广告部分，要注意良好的感官体验，摒弃以往老套的旅游宣传广告，结合当下的审美和流行趋势，设计出别具一格、让人心驰神往的宣传广告。②设施部分，首先基础设施要完善，其次运用一些新技术，例如沉浸式旅游体验。③服务部分，首先工作人员的态度要亲切、有耐心，其次工作人员的专业能力要统一达到一个标准。④售后部分，凡是游玩的游客登记好信息，每逢佳节为其送上祝福，也可以抽取幸福星、送小礼物和打折门票，以增加游客的回头率。

4. 品牌共鸣

通过建立游客与品牌的共鸣关系，来加强游客游玩的次数与频率，加深对品牌的情感依赖和特殊偏好，以此提高消费者对品牌的忠诚度。

第一，满足消费者需求。为了让消费者认识到品牌形象和核心价值，需要创建能满足消费者需求的品牌。只有满足消费者的需求，消费者才能把陕西沿黄观光品牌列入自身选择范围内，品牌才能进一步让顾客满意。陕西沿黄遗产廊道的游线规划，不仅要满足游客感受历史文化价值的需求，也要满足游客休憩、游玩、探险的需求。

第二，借助遗产地居民传播品牌。在品牌建立及宣传过程中要注重遗产地居民本身所具有的宣传意义，所以可以先提升遗产地居民对品牌的认可度，这样一来，遗产地居民也能凭借其对遗产的自豪感和对品牌的认可度为游客介绍品牌。遗产地居民通过自身与游客的情感联结，能让游客更容易接受遗产的价值。为了让遗产地居民对"陕西沿黄遗产旅游品牌"有更深入的了解，可以对遗产地居民进行培训。

第三，借助公益活动宣传品牌。为了让更多的人清楚认识品牌内部的价值，需要借助多种营销策略吸引消费者的注意力，如举办公益活动。

(二) 推广策略

1. 宣传方式

线下与线上相结合，全方位打造旅游形象。作为新式的旅游模式，全域旅游模式应结合当前旅游现状，保持线上线下的宣传一致性，实行高效的营销策略，向外界展示新式旅游形象，以此吸引游客，促进全域旅游的发展。具体做法可以从促进平台推广多元化和培养专业推广人才两方面进行。多元化的推广渠道能全方位、多层次地对全域旅游品牌进行宣传推广，线上除了传统的电视媒体、报纸、杂志等，还可以注重运用网络自媒体和平台，开展综合性的品牌推广。针对全域旅游品牌的特点，结合当下消费者对旅游方面的需求，利用微博、微信、抖音、小红书等网络平台，制作相关品牌视频和软文，开展有针对性的推广。线下除了派发宣传手册、张贴宣传海报外，还可以通过举办一些节庆活动扩大影响力。专业化的推广人才是旅游品牌行稳致远的必要法宝，它能成就品牌的品质，提升品牌的服务，并为品牌营销与推广提供源源不断的人才支撑。一方面可以加强企业内部推广人员的专业知识培训，提高人员技能水准，为优秀的人才扩宽晋升渠道，提高推广人员的专业素养；另一方面可以通过联合培养的方式加强校企合作，企业可以根据需要委托高校开设技能专业，高校与企业签订"聘用订单"，实现双赢。

2. 机制策略

政府要做好服务者的角色，为企业的发展做好助力。首先，政府与企业要加强合作，加大资金投入，健全全域旅游产品营销体系。全域旅游不仅涉及当地的人文风情，同样也与当地政府政策有关，是一项极为庞大的营销工程，需要企业与政府的共同努力。在进行旅游规划时，相关人员必须明确全域旅游的基本机制，确定其主打产品与营销体系，并将之与政策结合，借助政府进行宏观把控，以此促进其市场经济的发展。全域旅游理应建立较为完善的产品营销体系，增强其宣传力度，积极吸引企业投资，以此增强全域旅游业自身的发展力。其次，政府要积极引导区域内的居民参与到旅游品牌的建设当中，全域旅游建设的主要目的之一就是提升当地居民的生活质量，其本身就是一项惠民利好的政策。可以通过宣传引导提升居民的凝聚力和包容度，通过品牌渗透加强当地居民的文化自信，建立完善的旅游经营者、游客、居民之间的利益共享机制，让当地居民自觉参与到全域旅游建设与品牌推广中来。最后，政府要做好品牌名称与商标的管理，积极推动品牌认证，保障全域旅游及附加产品消费的安全，赢得消费者的信赖。

3. 营销模式

产业与旅游相结合，实施跨界营销。在产业多元融合发展的趋势下，政府要牵头整合各种旅游要素，联动各个相关产业，把整个城市作为一个景区进行经营，才能协调众多利益相关者共同开展目的地品牌推广活动，包括政府与企业的联合推广，各区、县跨区域联合推广，调动各方资源。在进行全域旅游规划时，相关部门可借此机会将当地产业与旅游结合，推动全域资源整合发展，以此提高当地经济发展水平，进一步促进全域旅游的发展，打造具有区域特色的品牌产品。另外，还可以从区域内的特色产品入手，确定消费者需求，明确品牌定位，有针对性地研制多种产品，以期增强产品的丰富度与吸引力。产品的定价应以维护与树立品牌形象为导向，营造物有所值的口碑。

第七章　基于全域旅游的陕西沿黄遗产廊道保护策略

一、保护原则

(一) 整体性原则

陕西沿黄遗产廊道是依托黄河文化而构建的,是针对陕西沿黄遗产资源的一个整体保护体系,整体性原则贯穿遗产资源的整合、保护、解说和廊道整体构建的全过程,制定保护与利用的策略应全方位综合考虑。全域旅游规划亦是将陕西沿黄地区视为一个整体进行的旅游规划。

(二) 原真性原则

对历史文化价值较高的遗产资源,应保持其历史文脉传承的原真性。《威尼斯宪章》规定,原真性被认为是保护文化遗产的最重要原则之一,世界遗产委员会也对此予以确认。

(三) 活态性原则

针对不同类型、不同地区、不同价值禀赋的遗产资源,需要对未来社会经济发展可能产生的影响进行预测,促进资源共享、信息共享、设施共享与目标共享,贯彻落实共享发展理念,大力发展共享经济,提高整体效能和综合竞争力。

二、保护措施

(一) 建立陕西沿黄遗产资源名录

陕西沿黄遗产资源名录是保护沿黄遗产的一种方式,通过建立、编辑和更新陕西沿黄遗产资源名录中急需保护的文化遗产名录，并分类汇总遗产资源特征、等级及保护文化遗产的计划、项目和活动（优秀实践名册），提高相关文化遗产的可见度。同时参考"中国传统村落"网站形式，建设陕西沿黄遗产资源网站。

陕西沿黄遗产资源名录及相应网站的建立体现了陕西沿黄地区日益提高的履约能力和文化遗产保护水平，对于增强遗产实践社区、群体和个人的认同感和自豪感，激发传承保护的自觉性和积极性，在国际层面宣传和弘扬博大精深的中华文化、中国精神和中国智慧，都具有重要意义。

（二）制定陕西沿黄遗产资源分类分级保护规范

陕西沿黄遗产资源分类分级保护规范是加强物质文化遗产保护管理的一项基础性工作，是各级物质文化遗产管理机构开展工作的法律依据和基本手段，通过对文物保护单位、高等级旅游景区、传统村落、历史文化名城、历史文化名镇、历史文化名村的物质文化遗产资源调查评估，阐释物质文化遗产的价值，并依法控制和约束对物质文化遗产的保护范围，建设地带内的各类工程建设项目及生活生产活动。对陕西沿黄遗产资源本体根据保存状况，提出保护修缮、加固、环境整治、基础性设施建设等一系列的指导意见，对被规划的物质文化遗产进行有效的保护管理。

陕西沿黄遗产资源分类分级保护规范是指保护和利用文化遗产，并实现其"真实性"和"完整性"遗产价值和社会功能的体制、方法和措施。陕西沿黄遗产保护规范应该包括：①确定沿黄遗产资源本体构成和环境要素；②评估沿黄遗产资源等级及特征；③沿黄遗产资源分类分级保护和管理；④沿黄遗产资源可持续发展和利用。遗产资源既是人类历史文化积淀的产物，又是需要保护的对象，具有公共产品的属性。因此，要加强对遗产资源的有效保护，就需要政府有效发挥其公共管理的职能，通过立法、制度设计、引入民间组织、鼓励公众参与等方式建立良好的遗产资源保护规范。

一级资源点中，古建筑类遗产占大多数，其中大部分已形成较成熟的文物景区，部分遗产点在展示工作中尚存在若干弱项，应根据不同遗产的现状和弱点，有针对性地开展资源提升工作。古城址类的，如府州城、佳县古城，应加强古城格局和各遗迹展示点的整体规划，同时开展景观环境整治工作；吴堡石城应丰富展示内容，提升景观环境质量；石堡寨应完善展示配套服务设施，完善标识系统；韩城古城应保护古城整体景观风貌。

针对二级资源点中的一些价值突出、具有一定观赏性或较高展示潜力，但基本未开展展示利用工作的文化遗产点，主要指古遗址类文物点，做好文物建筑本体保护的同时，可丰富室内陈列展示，挖掘非物质文化遗产展示内容；古遗址类遗产点可增加遗址本体展示、历史环境展示和出土文物陈列等，丰富展示内容，提升其观赏性。二级资源点因交通或可参观性等原因对游客的吸引力相对偏低，可以以县域为层级组织历史文化游线，串联若干文化遗产点，为游客提供较高质量的旅游产品，形成集群效应。

针对三级资源点中尚未对外开放的古建筑类和革命旧址类遗产点，应做好文物建筑本体维修工作，制订展示规划，创造条件尽快对外开放，并逐步丰富展示内容。对古遗址类遗产点，开展展示利用评估，可借助沿黄公路的带动作用，尽快启动展示利用工作，提升观赏性。

(三) 制定陕西沿黄遗产品牌推广策略

品牌推广过程需要充分整合广告与口碑传播、报纸与杂志传播、电视大众媒体传播、线上网络传播等传播手段优势，使不同的推广手段在每一阶段发挥出最佳的作用，构建品牌与消费群体之间长期的良好关系。

陕西沿黄遗产品牌推广在新时期要有新的探索，不但要保持传统的推广方式，还要探索新平台、新方式，需要不断创新思维方式，用创意吸引受众，注重实时互动，切实增强个人的旅游体验。陕西沿黄遗产品牌推广方面，首先要维持自己的特点，打造属于自己的品牌，深度挖掘品牌深层意义。要重视各种推广群体，不管是都市休闲人群，还是境外游客，这些都是品牌推广发展群体的新生力量，抓住其中任何一个群体的关注，都将为陕西沿黄区域旅游经济带来巨大的效益。最重要的是，为了以后陕西沿黄区域旅游经济持续发展，培养和吸引新生旅游人才十分关键，可与高校合作培养或者吸引外省人才。

(四) 制定典型遗产资源保护与利用规范

遗产的保护和利用涉及各个方面，如何更好地在保护性开发利用的同时延续城市文脉,如何在保护中最大限度地延续居民原有的生活环境,如何提高居民的生活质量,等等,这些都需要公众的广泛参与。良好的连续性廊道格局空间将为遗产地区提供更多改善生活基础设施的机会,有助于廊道的遗产资源点或组团间多元信息的流动和活力的提高。构建利益共同体的合作关系和良好的利益分配,将为遗产地社区提供更多的就业机会,吸引原住居民回流,一定程度解决"空心化"问题,在提升本地居民的认同感和归属感的同时,提升文化自信,实现可持续发展的经济支持的良性循环。随着城市的扩张和人口的增加,不同时期、不同地区的环境承载能力存在差异。原有环境承载平衡被打破,导致历史功能衰退,出现与现代城市发展需求不协调的现象。多年物质空间的消耗以及基础设施投入的不足,都会导致历史地区活力的"功能性衰退"。[87]

陕西沿黄地区遗产资源保护性开发策略将遗产资源保护与利用放在同等重要的位置。陕西沿黄遗产资源保护性开发策略的构建应该重点解决的问题如下:第一,深入挖掘陕西沿黄地区文化内涵,避免流行文化对本土遗产资源的干扰;第二,在保证遗产原真性的前提下有序开发,适度控制商业规模,合理引导布局,鼓励发展地方特色商业;第三,控制旅游容量,维护旅游环境,保障旅游体验,避免环境价值的流失。

三、监管机制

(一) 建立遗产廊道可持续发展评价体系

为保证陕西沿黄遗产廊道可持续发展,需对已建成的遗产廊道进行评价与分析,以便清晰地呈现遗产廊道构建的综合效益。当前国内对于遗产廊道评价体系的研究已有一定积累,但多为对遗产廊道遗产资源与价值的评价,对于遗产廊道建成后的评价较少。美国风景园林基金会 LAF (Landscape Architecture Foundation) 于 2010 年提出了景观绩效系列研究计划 LPS (Landscape Performance Series),该计划通过对已建成景观的量化评价来体现该景观的绩效情况,并将景观绩效指标分为环境、经济和社会等 3 个类别。[88] 遗产廊道强调文化遗产保护和自然保护并举,涉及遗产保护、区域振兴、生态治理等多方面。因此,遗产廊道建成后的评估机制可参考借鉴景观绩效评估机制,再综合国内外对遗产廊道构建及其评价体系的研究,从生态绩效、遗产绩效和社会绩效3个方面提取相应指标,构建针对陕西沿黄遗产廊道的评估体系(表7-1)。

表7-1 陕西沿黄遗产廊道评估体系表

	类别	评价指标
陕西沿黄遗产廊道建成后评估体系	生态绩效	景观质量
		景观格局
		生态多样性
	遗产绩效	遗产保护程度
		遗产旅游价值
		遗产知名度
	社会绩效	公众满意度
		教育价值
		社会价值

通过对陕西沿黄遗产廊道现场调研,收集分析以上绩效数据,结合统计学、景观生态学、使用后评价等方法,进行遗产廊道评估,并基于评估结果及时对其进行改进、优化与完善,使其可持续发展。

(二)制定遗产廊道保护与利用相关法规

国内文化遗产保护起步较晚,国内现行立法层次上,分为主干法、专门法和相关法。主干法包括《文物保护法》《文物保护工程管理办法》《非物质文化遗产保护法》和《中华人民共和国文物保护法实施条例》等。[89]然而,对于城市的历史文化街区、城市风貌及肌理,多以《文物保护法》及其配套法规《历史文化名城名镇名村保护条例》《长城保护条例》等为依据。跨区域大型线性文化遗产保护还处于空白状态,迫切需要建立适用于遗产廊道的专项保护法律,采用国家与地方或具体廊道相结合的保护模式,构建多层次的法规体系。有效健全的法律条文是文化遗产保护的重要依据与保障条件。

陕西沿黄遗产资源具有类型多样、复杂性和综合性的特征,应当为陕西沿黄遗产廊道制定相应级别的保护规定与实施办法。此外，积极宣传文化遗产法律法规，鼓励公民践行国家保护公约精神、共同维护遗产资源，培养人们的文化自觉，提高人们的归属感和认同感，激发人们的保护意识，为陕西沿黄遗产廊道整体保护机制提供有力支撑。

(三) 落实责任主体

当前，陕西沿黄遗产资源存在着区域分散、区域分治的局面，国务院、国家文物局、住房和城乡建设部、文化和旅游部、财政部等多个管理部门都承担管理职责的情况。

首先，考虑成立国家级的沿黄遗产廊道管理机构进行统一管理。管理机构组织对潜在黄河文化遗产统一进行资源普查、判别登录以及评估，负责管理沿黄河区域内所有的廊道，并且制定发展策略。经大量资料梳理发现，沿黄河遗产资源的类型、分布及资源遗存十分丰富，沿黄河的遗产廊道横跨多个省市。因此有必要建立一个多学科、多部门合作的国家级整体保护平台。

其次，以政府机构为主导，负责更为具体的组织、协调，同时促成区域内相关部门、企事业单位、商业团体或个人多种合作模式。根据陕西沿黄遗产资源特点，发挥联动机制，以优势地区带动周边地区协同经济发展，采取多种手段，吸引和动员社会各方面力量，保护和利用遗产。最终实现遗产廊道统筹而灵活的保护管理方式，形成以国家机构为主导，地方和社会力量共建、多赢的综合机制。

附录1　陕西沿黄遗产资源价值评价指标筛选问卷调查表

尊敬的专家：

您好！非常感谢您在百忙之中参与本次问卷调查。本次调查的目的是构建陕西沿黄遗产资源的价值评价指标体系。通过前期的研究，我们筛选了25个指标，为使本研究所选评价指标更客观科学，特向您征询意见。本评价将采用李克特量表计分量化：1、3、5、7、9分别代表不重要、较不重要、重要、较重要、非常重要。请您对下表所列举的指标因子进行"重要性"程度赋值。本问卷内容仅供学术研究，无他用途，敬请放心。

因子层 D		重要程度				
		非常重要（9）	较重要（7）	重要（5）	较不重要（3）	不重要（1）
知名度	D1					
参与度	D2					
久远度	D3					
文物丰富度	D4					
文化特色性	D5					
文化认同性	D6					
科普性	D7					
科研价值	D8					
美学价值	D9					
稀奇度	D10					
典型性	D11					
多样性	D12					
地域风格	D13					
民俗价值	D14					

附录1 陕西沿黄遗产资源价值评价指标筛选问卷调查表

续表

因子层 D		重要程度				
		非常重要（9）	较重要（7）	重要（5）	较不重要（3）	不重要（1）
宗教信仰	D15					
教育价值	D16					
经济价值	D17					
真实性	D18					
文物保存质量	D19					
规模完整度	D20					
可进入性	D21					
交通指数	D22					
环境容量	D23					
基础设施	D24					
经济水平	D25					

指标释义：

知名度 D1：知名地域范围。

参与度 D2：体验程度。

久远度 D3：年代历史。

文物丰富度 D4：资源集体景点数量。

文化特色性 D5：反映民族文化的独特品质。

文化认同性 D6：对民族文化的认同度。

科普性 D7：对大众的科普程度。

科研价值 D8：对科学研究的贡献价值。

美学价值 D9：美感度程度。

稀奇度 D10：稀有程度。

典型性 D11：代表性程度。

多样性 D12：展示方式类型。

地域风格 D13：区域独具特色的"核心资源"。

民俗价值 D14：民间习俗活动。

宗教信仰 D15：崇拜认同度。

教育价值 D16：对学生或大众教育的引领启发程度。

经济价值 D17：利用开发价值。

真实性 D18：真实性程度。
文物保存质量 D19：文物质量等级。
规模完整度 D20：规模及保存完整度。
可进入性 D21：连通程度、交通条件。
交通指数 D22：与中心城市距离。
环境容量 D23：旅游环境容量。
基础设施 D24：已有设施的完整度。
经济水平 D25：区域经济发展水平。

附录2　陕西沿黄遗产资源价值评价指标体系权重确定问卷调查表

尊敬的专家：

您好！非常感谢您在百忙之中参与本次问卷调查。

在您的支持下，本研究已经顺利完成第一轮专家咨询。通过对第一轮专家咨询的结果进行综合分析，我们对指标进行了调整，删除了宗教信仰、经济价值和经济水平3个指标。

本次问卷的目的是对陕西沿黄遗产资源价值评价指标体系进行权重赋值。该问卷是对陕西沿黄遗产资源价值评价各影响因素进行评价，确定各指标因子之间的相对权重。调查问卷采用层次分析法设计，通过对同一层级结构下的不同指标因子进行两两对比确定其重要程度，结合1—9标度法对其重要性进行量化赋值，请您根据自己的研究与实践经验，对下表所列举各个影响因素两两比较相对重要性，并在相应选项处打√。本问卷内容仅供学术研究，无他用途，敬请放心。

1—9 标度法

序号	重要性等级	a_{ij}赋值
1	ij 两个元素同等重要	1
2	i 元素比 j 元素稍重要	3
3	i 元素比 j 元素明显重要	5
4	i 元素比 j 元素强烈重要	7
5	i 元素比 j 元素极端重要	9
6	i 元素比 j 元素稍不重要	1/3
7	i 元素比 j 元素明显不重要	1/5
8	i 元素比 j 元素强烈不重要	1/7
9	i 元素比 j 元素极端不重要	1/9

以下是各个指标因子重要程度两两对比，请您根据左右指标因子的相对重要程度进行打分：

项目层 B1—B2 指标重要程度两两对比

评价对象	重要性比较																	评价对象
	9	8	7	6	5	4	3	2	1	2	3	4	5	6	7	8	9	
遗产资源价值 B1																		遗产资源保护与开发 B2

子项目层 C1—C6 指标重要程度两两对比

评价对象	重要性比较																	评价对象
	9	8	7	6	5	4	3	2	1	2	3	4	5	6	7	8	9	
历史价值 C1																		文化价值 C2
历史价值 C1																		科学价值 C3
历史价值 C1																		艺术价值 C4
历史价值 C1																		精神价值 C5
历史价值 C1																		时代价值 C6
文化价值 C2																		科学价值 C3
文化价值 C2																		艺术价值 C4
文化价值 C2																		精神价值 C5
文化价值 C2																		时代价值 C6
科学价值 C3																		艺术价值 C4

附录2　陕西沿黄遗产资源价值评价指标体系权重确定问卷调查表

续表

评价对象	重要性比较																	评价对象
	9	8	7	6	5	4	3	2	1	2	3	4	5	6	7	8	9	
科学价值 C3																		精神价值 C5
科学价值 C3																		时代价值 C6
艺术价值 C4																		精神价值 C5
艺术价值 C4																		时代价值 C6
精神价值 C5																		时代价值 C6

子项目层 C7—C8 指标重要程度两两对比

评价对象	重要性比较																	评价对象
	9	8	7	6	5	4	3	2	1	2	3	4	5	6	7	8	9	
遗产资源价值 C7																		遗产资源保护与开发 C8

因子层 D1—D4 指标重要程度两两对比

评价对象	重要性比较																	评价对象
	9	8	7	6	5	4	3	2	1	2	3	4	5	6	7	8	9	
知名度 D1																		参与度 D2
知名度 D1																		久远度 D3
知名度 D1																		文物丰富度 D4
参与度 D2																		久远度 D3
参与度 D2																		文物丰富度 D4
久远度 D3																		文物丰富度 D4

因子层 D5—D6 指标重要程度两两对比

评价对象	重要性比较																	评价对象
	9	8	7	6	5	4	3	2	1	2	3	4	5	6	7	8	9	
文化特色性 D5																		文化认同性 D6

因子层 D7—D8 指标重要程度两两对比

评价对象	重要性比较																	评价对象
	9	8	7	6	5	4	3	2	1	2	3	4	5	6	7	8	9	
科普性 D7																		科研价值 D8

因子层 D9—D13 指标重要程度两两对比

评价对象	重要性比较																	评价对象
	9	8	7	6	5	4	3	2	1	2	3	4	5	6	7	8	9	
美学价值 D9																		稀奇度 D10
美学价值 D9																		典型性 D11
美学价值 D9																		多样性 D12
美学价值 D9																		地域风格 D13
稀奇度 D10																		典型性 D11
稀奇度 D10																		多样性 D12
稀奇度 D10																		地域风格 D13
典型性 D11																		多样性 D12

续表

评价对象	重要性比较																	评价对象
	9	8	7	6	5	4	3	2	1	2	3	4	5	6	7	8	9	
典型性 D11																		地域风格 D13
多样性 D12																		地域风格 D13

因子层 D16—D18 指标重要程度两两对比

评价对象	重要性比较																	评价对象
	9	8	7	6	5	4	3	2	1	2	3	4	5	6	7	8	9	
真实性 D16																		文物保存质量 D17
真实性 D16																		规模完整度 D18
文物保存质量 D17																		规模完整度 D18

因子层 D19—D22 指标重要程度两两对比

评价对象	重要性比较																	评价对象
	9	8	7	6	5	4	3	2	1	2	3	4	5	6	7	8	9	
可进入性 D19																		交通指数 D20
可进入性 D19																		环境容量 D21
可进入性 D19																		基础设施 D22
交通指数 D20																		环境容量 D21
交通指数 D20																		基础设施 D22
环境容量 D21																		基础设施 D22

参考文献

[1] 李金早. 坚决贯彻习总书记新发展理念. 大力推进全域旅游 [N]. 中国旅游报, 2017-08-09 (001).

[2] 厉新建, 张凌云, 崔莉. 全域旅游: 建设世界一流旅游目的地的理念创新——以北京为例 [J]. 人文地理, 2013, 28 (03): 130-134.

[3] 张辉, 岳燕祥. 全域旅游的理性思考 [J]. 旅游学刊, 2016, 31 (09): 15-17.

[4] 李坤. 当前我国文化遗产创新性保护利用的成就、问题及政策建议 [J]. 中国文物科学研究, 2019 (04): 7-11.

[5] 戴湘毅, 姚辉. 国际文化线路理念演进及中国的实践 [J]. 首都师范大学学报 (社会科学版), 2017 (01): 78-87.

[6] Charles A F, Robert M S. Greenways [M]. Washington, D. C.: Island Press, 1993: 167.

[7] 罗萍嘉, 梁晓涵. 沿津浦铁路煤矿工业遗产廊道构建 [J]. 矿业研究与开发, 2020, 40 (04): 153-159.

[8] 文化和旅游部关于公布第二批国家全域旅游示范区名单的通知 [EB/OL]. [2020-12-02]. http://www.gov.cn/zhengce/zhengceku/2020-12/17/content_5570345.htm.

[9] 李东和, 蒋璐璇. 论全域旅游的"四重四轻"——基于全域旅游发展实践的反思 [J]. 旅游学刊, 2020, 35 (02): 6-8.

[10] 孟乐. 全域旅游视角下乡村旅游资源的发展路径探讨——以山西省为例 [J]. 农业经济, 2020 (04): 52-54.

[11] 刘姗. 全域旅游背景下旅游城镇化响应强度时空演变及影响机制——以中国西部地区12个省份为例 [J]. 地域研究与开发, 2020, 39 (01): 94-99, 106.

[12] 王旭科，刘文静，李华. 全域旅游发展水平评价指标体系构建与实证 [J]. 统计与决策，2019，35（24）：51-54.

[13] 徐宏，李军. 民族地区全域旅游开发驱动乡村振兴机理与发展策略 [J]. 商业经济研究，2021（11）：184-188.

[14] 陈丽军，童壁，王庆，等. 全域旅游的乡村振兴响应度评价及对策研究——以黄冈市为例 [J/OL]. 东北农业科学：1-8 [2021-06-21]. http：//kns.cnki.net/kcms/detail/22.1376.S.20210506.1708.020.html.

[15] 张占仓. 河南省丘陵山区县域全域旅游发展模式研究 [J]. 中州学刊，2021（04）：27-33.

[16] 王吉美，李飞. 国内外线性遗产文献综述 [J]. 东南文化，2016（01）：31-38.

[17] TEGAR, GINTING N, SUWANTORO H. How to Improve the Comfort of Kesawan Heritage Corridor, Medan City [J]. IOP Conference Series：Earth and Environmental Science, 2018, Vol. 126, No. 1, p. 012204.

[18] BOLE B B, JOHNSON G C. Exploring Empowerment within the Gullah Geechee Cultural Heritage Corridor：Implications for Heritage Tourism Development in the Lowcountry [J]. Journal of Heritage Tourism, 2016, 11 (02), 155-176.

[19] HARKNESS T, SINHA A. Taj Heritage Corridor：Intersections between History and Culture on the Yamuna Riverfront [J]. Places, 2004, 16 (02)：62-69.

[20] 张镒，柯彬彬. 我国遗产廊道研究述评 [J]. 世界地理研究，2016，25（01）：166-174.

[21] 张定青，王海荣，曹象明. 我国遗产廊道研究进展 [J]. 城市发展研究，2016，23（05）：70-75.

[22] 高晨旭，李永乐. 我国遗产廊道研究综述 [J]. 昆明理工大学学报（社会科学版），2018，18（03）：101-108.

[23] 熊梦林，张春阳. 遗产廊道构建研究述评 [J]. 现代园艺，2019（06）：75-77.

[24] 吴群，沈珂琦，吕波芳，等. 基于知识图谱的非遗研究热点和前

沿演进分析[J]. 浙江理工大学学报（社会科学版），2020，44（01）：42–51.

[25] 刘琨，李春利，白福春. 我国图情领域名称规范文献计量研究[J]. 图书馆工作与研究，2017（12）：66–71.

[26] 李先跃. 中国文化产业与旅游产业融合研究进展及趋势——基于Citespace计量分析[J]. 经济地理，2019，39（12）：212–220，229.

[27] 杜师博，李娇，杨芳绒，等. 国内景观评价方法研究现状及趋势——基于Citespace的文献计量分析[J]. 西南大学学报（自然科学版），2020，42（07）：168–176.

[28] 李伟，俞孔坚，李迪华. 遗产廊道与大运河整体保护的理论框架[J]. 城市问题，2004（01）：28–31，54.

[29] 王志芳，孙鹏. 遗产廊道——一种较新的遗产保护方法[J]. 中国园林，2001（05）：86–89.

[30] 李伟，俞孔坚. 世界文化遗产保护的新动向——文化线路[J]. 城市问题，2005（04）：7–12.

[31] 俞孔坚，石颖，吴利英. 北京元大都城垣遗址公园（东段）国际竞赛获奖方案介绍[J]. 中国园林，2003（11）：15–17.

[32] 王亚南，张晓佳，卢曼青. 基于遗产廊道构建的城市绿地系统规划探索[J]. 中国园林，2010，26（12）：85–87.

[33] 徐凌云，王云才. 基于遗产廊道网络构建的景观风貌保护规划探索[J]. 中国城市林业，2016，14（03）：17–21.

[34] 施然. 遗产廊道的旅游开发模式研究[D]. 厦门大学，2009.

[35] 霍雨佳. 遗产廊道视角下京杭大运河天津段旅游发展研究[D]. 燕山大学，2013.

[36] 徐淑升. 京杭大运河遗产廊道生态文化旅游开发探讨——以山东南段为例[J]. 旅游纵览（下半月），2017（02）：116–117.

[37] 李创新，马耀峰，李振亭，等. 遗产廊道型资源旅游合作开发模式研究——以"丝绸之路"跨国联合申遗为例[J]. 资源开发与市场，2009，25（09）：841–844.

[38] 唐岳兴，邵龙，曹弯. 遗产廊道城镇旅游开发潜力评价——以中

东铁路滨绥线为例 [J]. 规划师, 2016, 32 (02): 96-101.

[39] 孙俊桥, 孙超, 刘蕊, 等. 基于遗产廊道模式的工业建筑遗产保护更新研究 以世界锡都个旧为例 [J] 西部人居环境学刊, 2014, 29 (06): 76-81.

[40] 尤世峰. 工业遗产廊道概念下苏北运河沿运工业遗产更新改造研究 [D]. 中央美术学院, 2017.

[41] 俞孔坚, 李伟, 李迪华, 等. 快速城市化地区遗产廊道适宜性分析方法探讨——以台州市为例 [J]. 地理研究, 2005 (01): 69-76, 162.

[42] 李春波, 朱强. 基于遗产分布的运河遗产廊道宽度研究——以天津段运河为例 [J]. 城市问题, 2007 (09): 12-15.

[43] 吕龙, 黄震方. 遗产廊道旅游价值评价体系构建及其应用研究——以古运河江苏段为例 [J]. 中国人口·资源与环境, 2007 (06): 95-100.

[44] 杜忠潮, 柳银花. 基于信息熵的线性遗产廊道旅游价值综合性评价——以西北地区丝绸之路为例 [J]. 干旱区地理, 2011, 34 (03): 519-524.

[45] 罗莉, 李洪远, 杜志博. 基于Citespace的海岸带生态恢复知识图谱分析 [J]. 水土保持通报, 2019, 39 (04): 151-157.

[46] 李飞, 宋金平. 廊道遗产: 概念、理论源流与价值判断 [J]. 人文地理, 2010, 25 (02): 74-77, 104.

[47] FABOS J. Introduction and Overview: the Greenway Movement, Uses and Potentials of Greenways [J]. Landscape and Urban Planning, 1995, 33: 1-13.

[48] 龚道德, 张青萍. 美国国家遗产廊道（区域）模式溯源及其启示 [J]. 国际城市规划, 2014, 29 (06): 81-86.

[49] CONZEN M P, WULFESTIEG B M. Metropolitan Chicago's Regional Cultural Park: Assessing the Development of the Illinois and Michigan Canal National Heritage Corridor [J]. Journal of Geography, 2001, 100 (3), 111-117.

[50] LAVEN D, VENTRISS C, MANNING R, et al. Evaluating U. S.

National Heritage Areas: Theory, Methods, and Application [J]. Environmental Management, 2010, 46 (02), 195-212.

[51] 朱强. 京杭大运河江南段工业遗产廊道构建 [D]. 北京大学, 2007.

[52] 梁洁. 城乡规划遗产廊道研究信息统计分析 [J]. 规划师, 2013, 29 (S2): 272-276.

[53] 王肖宇, 陈伯超. 美国国家遗产廊道的保护——以黑石河峡谷为例 [J]. 世界建筑, 2007 (07): 124-126.

[54] 刘凤凌. 三线建设时期工业遗产廊道的价值评估研究 [D]. 重庆大学, 2012.

[55] 奚雪松, 俞孔坚, 李海龙. 美国国家遗产区域管理规划评述 [J]. 国际城市规划, 2009, 24 (04): 91-98.

[56] 奚雪松, 陈琳. 美国伊利运河国家遗产廊道的保护与可持续利用方法及其启示 [J]. 国际城市规划, 2013, 28 (04): 100-107.

[57] 李军. 国外文化遗产廊道保护经验及其对四川藏羌彝走廊建设的启示 [J]. 四川戏剧, 2014 (11): 116-119.

[58] 龚道德, 张青萍. 美国国家遗产廊道的动态管理对中国大运河保护与管理的启示 [J]. 中国园林, 2015, 31 (03): 68-71.

[59] 陶中怡. 美国运河国家遗产廊道立法及其启示 [J]. 淮阴师范学院学报（哲学社会科学版）, 2019, 41 (06): 588-593.

[60] 林晗芷. 京杭大运河扬州段运河遗产廊道构建及茱萸湾段设计 [D]. 北京林业大学, 2020.

[61] 滕耀宝. 基于最小阻力模型的潇贺古道遗产廊道网络构建研究 [J]. 规划师, 2020, 36 (08): 66-70.

[62] 奚雪松. 实现整体保护与可持续利用的大运河遗产廊道构建——概念、途径与设想 [M]. 北京: 电子工业出版社, 2012.

[63] 王丽萍. 文化遗产廊道构建的理论与实践——以滇藏茶马古道为例 [J]. 贵州民族研究, 2011, 32 (05): 61-66.

[64] 李迪华. 绿道作为国家与地方战略 从国家生态基础设施、京杭大运河国家生态与遗产廊道到连接城乡的生态网络 [J]. 风景园林, 2012

(03): 49-54.

[65] 王宏达, 冯潇. 山西省大同古长城文化遗产廊道中的慢行设施体系规划 [J]. 景观设计学, 2019, 7 (06): 116-133.

[66] 何疏悦, 张蕊, 赵新宇, 等. 探寻大型线性遗产空间的保护与发展策略——基于美国加州国家历史游径的规划和管理研究 [J]. 装饰, 2021 (08): 92-97.

[67] 曾瑞, 李榜晏, 朱立波, 等. 黄土高原地形地貌研究与海绵城市建设 [J]. 绿色科技, 2017 (01): 74-80.

[68] 汪丽平. 陕西省植被类型的空间分布 [D]. 西北农林科技大学, 2015.

[69] 穆荣岗. 陕北民俗文化在陕西油画创作中的表现 [J]. 美术教育研究, 2016 (18): 14-15.

[70] 孙华. 文化遗产概论（上）——文化遗产的类型与价值 [J]. 遗产与保护研究, 2020, 5 (01): 8-17.

[71] 张军飞, 王汐, 陈健. 陕西沿黄地区城镇带协同治理策略与实施路径 [J]. 规划师, 2017, 33 (11): 60-65.

[72] 任唤麟. 跨区域线性文化遗产类旅游资源价值评价——以长安—天山廊道路网中国段为例 [J]. 地理科学, 2017, 37 (10): 1560-1568.

[73] 高飞, 邵龙. 遗产线路视野下的中东铁路工业遗产价值评价与分级——以成高子—横道河子段为例 [J]. 中国园林, 2018, 34 (02): 100-105.

[74] 何思源, 闵庆文, 李禾尧, 等. 重要农业文化遗产价值体系构建及评估（Ⅰ）: 价值体系构建与评价方法研究 [J]. 中国生态农业学报（中英文）, 2020, 28 (09): 1314-1329.

[75] 邓雪, 李家铭, 曾浩健, 等. 层次分析法权重计算方法分析及其应用研究 [J]. 数学的实践与认识, 2012, 42 (07): 93-100.

[76] 徐光春. 黄帝文化与黄河文化 [J]. 中华文化论坛, 2016 (07): 5-14, 191.

[77] 杜红艳. "非遗" 价值特征及其实现 [J]. 社会科学家, 2018 (05): 98-102.

[78] 陈世清. 对称经济学术语表 [EB/OL]. [2019-08-28]. https://baike.baidu.com/reference/2384651/ca0dWDpOZ0oTf8H53Q62BRYss1EujbXaJlExA-UKZyvw4LRU3y_ MpRV0ja4iif_ jrj2_ VbYxnelqU-Au2w7HW2jFI_ 0.

[79] 李玉玲. 体验式文化旅游发展研究——以西南少数民族旅游资源为例 [J]. 人民论坛, 2012 (35): 234-235.

[80] 彭赞文. 文化产业输出与国家身份建构 [J]. 人民论坛, 2013, 23 (08): 198-199.

[81] 严伟. 基于AHP-模糊综合评价法的旅游产业融合度实证研究 [J]. 生态经济, 2014, 30 (11): 97-102.

[82] 王珊. 法国和意大利文化遗产保护的经验与启示 [J]. 华北电力大学学报 (社会科学版), 2015 (2): 74-79.

[83] 张萌. "非物质文化遗产" 及其保护与传承 [J]. 散文百家旬刊, 2017 (01): 21.

[84] 黄海洋, 何佳讯, 朱良杰. 基于价值观的全球品牌定位取向及影响效应: 一个整合性理论框架 [J]. 现代财经-天津财经大学学报, 2019, 39 (12): 67-80.

[85] 谢伟彤, 侯国红. 品牌认知、消费者感知与购买意愿 [J]. 商业经济研究, 2022 (03): 83-86.

[86] 赵浩兴. 科特勒营销管理理论演进脉络及其发展探讨——菲利普·科特勒《营销管理》(中文版) 各个版本的比较研究 [J]. 管理世界, 2011 (06): 176-177.

[87] 王立帅, 徐诗文, 林浩文, 等. 城市湿地公园建成后综合效绩评估——以广州大观湿地为例 [J]. 生态学报, 2019, 39 (16): 6001-6016.

[88] 霍丹. 辽东古驿道文化遗产整体性保护研究 [D]. 大连理工大学, 2019.

[89] 科特勒, 凯勒. 营销管理 [M]. 王永贵, 于洪彦, 何佳讯, 等译. 上海: 上海人民出版社, 2009.

后 记

2015年，陕西省"十三五规划"前瞻性地提出"将打造陕西沿黄旅游经济带"。结合当时在该地区的一些设计实践项目，笔者第一次意识到了保护和利用陕西沿黄遗产资源对发展区域旅游、提升区域经济水平的重要性。自此，便开始收集、整理陕西沿黄地区基本情况和遗产资源的相关资料，并以保护和利用陕西沿黄遗产资源为核心，在2018年、2019年分别获批了陕西省社科年度项目和陕西省重大理论与现实问题研究项目。2019年10月，习近平总书记在黄河流域生态保护与高质量发展座谈会上提出"保护、传承、弘扬黄河文化，讲好黄河故事，延续历史文脉，坚定文化自信"，再一次证明了黄河遗产资源保护与利用的迫切性和重要性。

黄河流域是华夏文明的发祥地，相继出现了裴李岗文化、仰韶文化、龙山文化和中国最早的文字，孕育了中华民族百折不挠、坚忍不拔的伟大精神。在历史长河中，人类的智慧结晶如漫天星河散落于黄河流域。《全域旅游背景下陕西沿黄遗产廊道构建研究》选取黄河流域陕西一侧的沿黄地区作为研究对象，梳理该地区遗产资源，构建遗产廊道，并从全域旅游的视角规划了多条特色旅游线路，建立了"陕西沿黄遗产旅游品牌"和推广策略。抛砖引玉，以期为黄河流域遗产资源保护与利用提供研究思路，为黄河流域的社会、经济、文化高质量发展提供借鉴参考。

该书能顺利付梓，得益于陕西省社科著作资助出版项目（2021SKZZ010）、陕西省社科基金（2018H08）、陕西省社科界重大理论与现实问题研究项目（2019C159、21HZ1066）、国家社科基金艺术学项目（21BH156）的资助；得益于授业恩师张沛教授和段渊古教授的悉心指导；得益于团队高天教授、张中华教授、曹宁副教授、娄钢副教授、唐英副教授、李侃侃副教授、郝红科博士、李晶博士、杨欢博士等的大力支持；得益于西北农林科技大学提供的良好的科研平台和科研环境。在此向他们表示衷心的感谢。

最后还要感谢李晓斌、李子仪、刘烨、刘婷、刘芝、董鑫童、王晓瑜等同学,他们分别负责了该书部分章节内容的整理和撰写。

黄河流域遗产资源保护与利用研究的工作任重道远,由于作者水平有限,书中难免有疏漏,请各位读者不吝赐教。(邮箱:s77860313@126.com)

史承勇

2022 年 2 月 18 日于杨凌

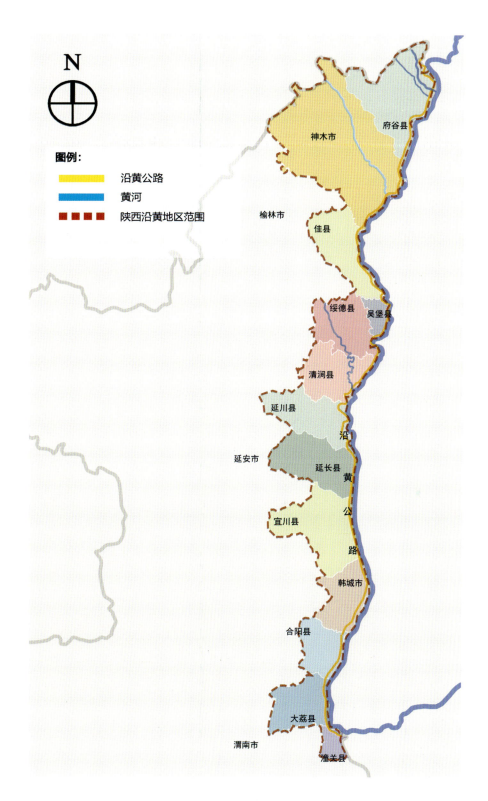

图 3-1 陕西沿黄地区范围图

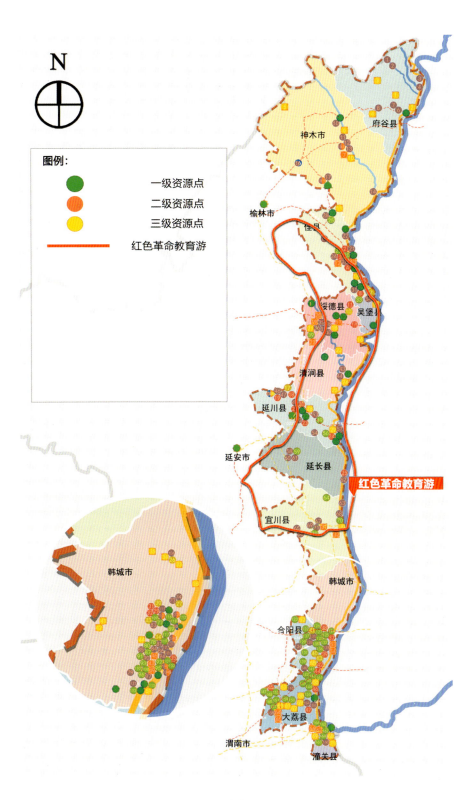

图 5-2 红色革命教育游路线图

图 5-4 宗教文化感悟游路线图

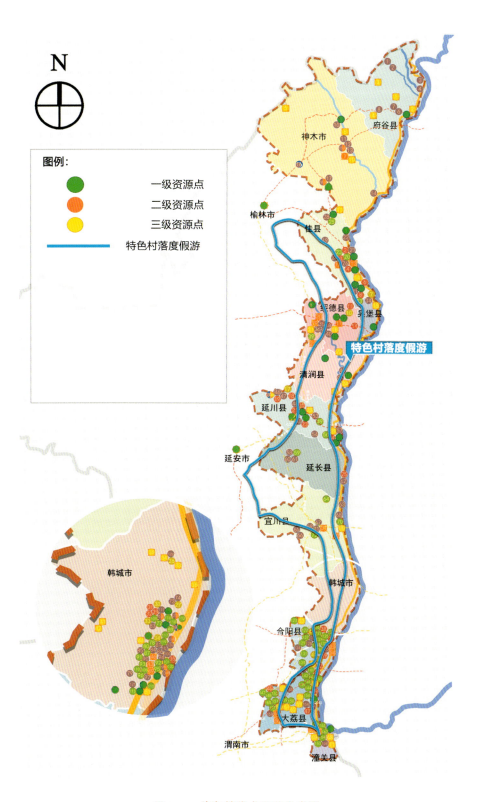

图 5-7 特色村落度假游路线图

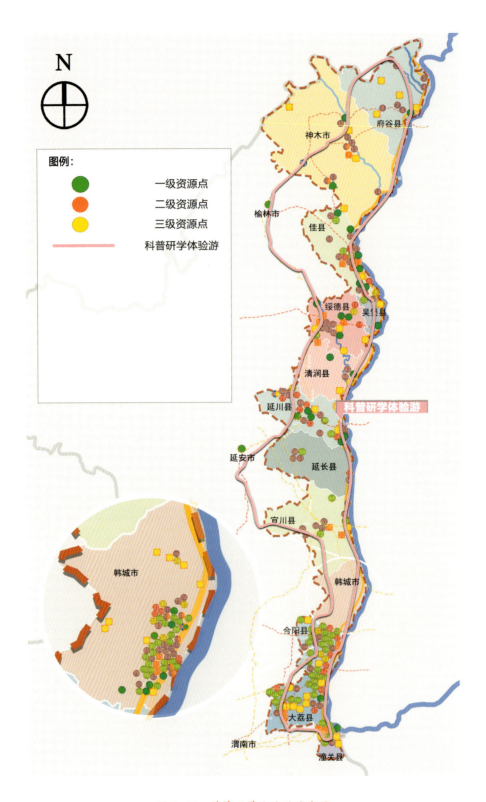

图 5-17 科普研学体验游路线图

图 5-25 农业观光休闲游路线图

图 5-27 黄河风情探险游路线图

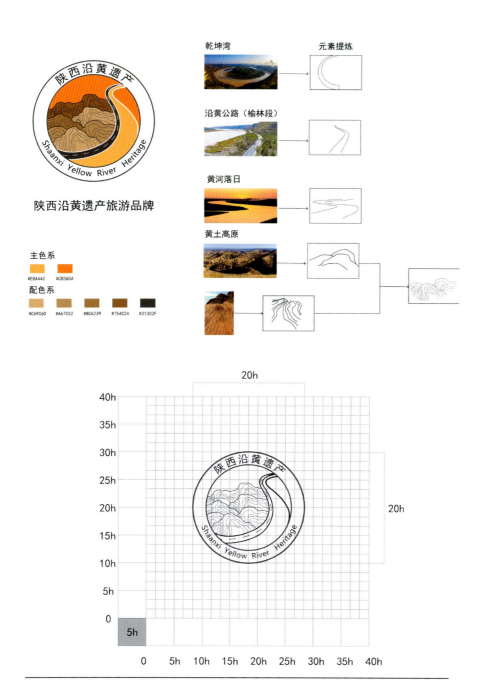

注：H为一个基本计量单位，标志的高在网格中占用了20H，标志的宽在网格中占用了20H。

图6-2 陕西沿黄遗产旅游品牌形象标识

图 6-3　陕西沿黄遗产旅游品牌标识体系